중국어 문장과 주어

중국어 문장과 주어

이우철

경북대학교출판부

이우철(李宇哲)

북경사범대학 대학원 졸업, 중국어학 전공, 문학박사

(현) 경북대 중어중문학과 부교수

저·역서: 『중국어 입문』(공저), 『중국언어학 현상과 전망』(공역), 『한자학의 탄생과 발전』(공역), 『루쉰·라오서 작품의 언어예술』(공역)

논문: 「論表可能的 'V不/得C' 結構」, 「《禮記》句子及主語研究」, 「중국어 서술성 주어의 명물화와 그 생성 기제」, 「有界, 無界 이론을 이용한 중국어 연구에 대한 고찰」, 「중국어 자본위에 대한 이해와 응용」, 「중국어 가능 보어에 대한 재인식」 등

중국어 문장 및 주어

찍은 날 2013년 8월 28일 | **펴낸 날** 2013년 8월 30일

지은이 이우철 | **펴낸이** 함인석 | **펴낸 곳** 경북대학교출판부

출판등록 1973년 10월 10일 ㉣97호 | **주소** 대구광역시 북구 대학로 80

전화 053-950-6741~3 | **팩스** 053-953-4692 | **E-mail** press@knu.ac.kr

ISBN 978-89-7180-380-6 93720

정가는 뒤표지에 있습니다.

잘못 만들어진 책은 바꾸어 드립니다.

머리말

이 책은 중국어 연구를 하면서 부딪쳐 왔던 '중국어에서 문장이란 무엇인가?', '중국어 문장의 문두성분은 어떤 특징을 가지고 있는가?', '문두성분과 주어와의 관계는 무엇인가?'와 같은 문제에 대한 논의들을 모아 놓은 글이다. 이 글들은 원래 필자가 1990년대 초부터 줄곧 중국어의 특징을 이해하기 위하여 많은 고민을 하여 왔던 것들이다. 그 고민 중 상당 부분은 중국어의 문장과 주어의 특징과 관련된 것이다. 그 이유는 중국어의 유형적 특징과도 관련이 있다.

중국어는 어법의 형태 변화가 거의 없기 때문에 고립어로 분류된다. 또한 고대중국어의 경우에는 현대 표점 부호가 없었다. 이러한 두 가지 이유로 중국어 연구에서는 문장에 대한 개념 정의가 더욱 어려웠다. 따라서 중국의 어법학자들은 부득불 음성적인 특징인 휴지(休止)를 기준으로 삼고, 다시 의미적 기준을 보충하여 문장에 대한 정의를 내리는 경우가 많았다. 이들 정의는 대체로 "앞과 뒤에 큰 休止가 있고, 일정한 억양을 가지며, 온전한 뜻을 전달하는 언어 형식"을 문장이라고 정의하는 데서 크게 벗어나지 않는다.

그러나 이러한 음성적인 특징을 주요 기준으로 삼는 정의는, 방점이 없는 고문헌 자료의 문장 분할에는 응용의 한계가 있다. 그리고 현대중국어의 현상 중에도 너무나 많은 고대중국어 요소들이 존재하기 때문에 현대중국어만을 대상으로 하여 중국어(문장)의 특징을 이해하는 데에는 한계가 있을 수밖에 없다. 이러한 이유로 필자는 중국어 문장의 특징을 연구하면서 중국어 고문헌에 나타나는 문장들도 연구의 대상으로 삼아야 할 필요성을 느끼게 되었다. 고문헌을 연구 대상으로 삼기 위해서는 문장에 대한 개념 정의가 선행되어야 한다. 그리고 문장의 개념을 정의하기 위해서는 중국어의 특성상 주어에 대한 정의가 먼저 내려져야 한다. 만약 문장과 주어에 대한 개념 정의가 내려지고, 그에 대한 이해가 명확해지면 중국어 전반에 대한 유형적 특징에 대해서도 그 윤곽이 드러나게 될 것이다.

이 책에서는 중국어 문장, 문두성분과 관계된 글들에 첨삭을 가하여 모두 7장으로 나누어 정리하였다.

제1장에서는 중국어의 구조적 특징과 주어에 대한 선행 연구와 주장들을 귀납정리하였다. 동시에 그러한 문제점들이 이슈가 될 수밖에 없었던 이유들을 소개하였다.

제2장에서는 중국어 문두성분의 의미적 특징을 명물화의 개념 및 논항의 이론을 이용하여 설명하였다.

제3장에서는 중국어 문두성분의 특징에 대하여 그 출현 양상과 성질을 소개하였다. 동시에 그에 대한 통사적 분석을 하였다.

제4장에서는 고문헌의 문장 분할 원칙을 소개하고, 이 원칙에 근거하여 《禮記》 문장들을 분할하고 다시 그 문장들을 구조별로 분류하였다.

제5장에서는 중국어 문장에 대한 유형 분석을 하였다. 주로 단문과 복문의 개념과 중국어에서의 분류 실태를 소개하고 그 근거에 대하여 기존 내용을 진단하고 일부 새로운 주장을 제시하였다.

제6장에서는 우리 한국어나 다른 외국어에 비해 출현 빈도가 현저하게 높은 중국어 주술 술어문(주격중출문)에 대하여 몇 가지 각도에서

그 특징을 설명하였다.

제7장에서는 중국어의 유형적 특징을 摹似性과 理據의 개념을 적용하여 설명하였다. 또한 중국어가 한자를 사용하여 표기하는 데서 나타나는 특징에 대하여서도 설명하였다.

전체적으로 이 책의 내용은 중국어의 유형적 특징을 다루고 있으나, 필시 필자의 학식 부족에서 발생한 오류가 많이 있을 것으로 생각한다. 삼가 독자 제현의 질정을 바라며, 지적에 대해서는 평생공부로 보완할 것임을 약속드린다. 이 책이 중국어 개별 언어 현상에 대한 연구와 교육에 조금이라도 도움이 될 수 있으면 다행이겠다.

2013년 7월

이우철

목차

제1장 | 중국어 구조의 특징과 주어

1. 중국어의 구조적 특징

외국어 교육에 관한 한 학습자들이 목표언어에 대한 특징을 모국어와의 구조적 차이에 입각하여 논의하는 것보다 더 중요한 것은 없다고 해도 과언이 아니다. 왜냐하면 학습 대상인 목표 언어에 나타나는 구조적 특징은 바로 그 언어를 습득하고자 하는 학습자에게 있어서는 피해갈 수 없는 주요 학습 내용이며, 이러한 특징은 학습자에게 있어서는 바로 해당 언어 습득의 장애 요소로 작용하기 때문이다.

다른 언어와 비교했을 때 나타나는 차이는 그 언어가 가지는 특징이라고 할 수 있다. 언어의 구조적 특징은 언어 현상과 그 현상에 대한 해석의 두 가지 측면으로 나누어 살펴볼 수 있다. 한·중 양국어의 특징을 비교했을 때는 형태적으로 구조 자체가 다른 경우와, 모국어에서도 그러한 어법 현상을 언급하기는 하나 습득 목표 언어에서 언급하는 현상과는 구조 자체가 다른 경우가 있다. 예를 들면 우리말과 중국어에서 모두 보어가 존재하지만, 두 언어에서 나타나는 실제 두 언어에서 나타나는 구조적인 형태는 서로 다르다.

중국어는 시제의 일치나 단어 내부의 굴절이 없는 언어이다. 그렇기 때문에 각 품사에는 기본적으로 형식상의 형태 변화가 없고, 그래서 중국어를 고립어로 분류하는 것이다. 이러한 무형태적 언어로서의 특징은 중국어를 주제 중심형 언어로 분류하게 되는 근거가 되었다. 중국어를 주제 중심형 언어로 분류하면서 주어와 주제의 구분 문제가 생기게 되었고, 자연스럽게 주어와 주제의 구분 문제에 대한 활발한 토론이 진행되었다. 그런데 문두의 명사성 성분과 그들의 통사론적·화용론적·의미론적 특징에 대한 토론은 많이 있었으나, 비명사성 문두성분에 대한 심도 있는 연구는 거의 이루어지지 않았다.

1) 중국어 문두성분의 비명사성

상기한 문제점들 때문에 아래와 같은 중국어 문장을 교육함에 있어서 지도에 많은 애로점이 있었다.

(1) 購物應選最佳期。
쇼핑은 최고 좋은 때를 선택해야 한다.

(2) 在家裏比在外面舒服。
집에 있는 것은 밖에 있는 것보다 편안하다.

예문 (1)과 (2)의 '購物'와 '在家裏'는 동목 관계의 비명사성 구조이다. 그렇다면 문두의 이 비명사성 구조는 문장 분석에서 무슨 성분으로 보아야 할 것인가? 그리고 다음처럼 명사성인지 비명사성인지 구분하기 어려운 주술 구조의 예도 있다.

(3) 我到家已經一個星期一了。
내가 집에 도착한 지 일주일이 되었다.

예문 (3)에서 문두성분 '我到家'는 주술 구조인데 이 문두성분은 또한 무슨 성분으로 보아야 할 것인가?

2) 중국어 비명사성 문두성분에 상응하는 한국어 구조

위에 제기한 (1), (2), (3)의 예문을 (1´), (2´), (3´)과 같이 우리말로 번역할 수 있다.

(1´) "물건 구매는 마땅히 가장 적당한 시기를 선택하여야 할 것이다."
(2´) "집에 있는 것은 밖에 있는 것보다 편안하다."
(3´) "내가 집에 온 지는 일주일이 되었다."

한국어문 (1´), (2´), (3´)의 문두성분 '물건 구매는', '집에 있는 것은', '내가 집에 온 지는'은 주어로 보아도 아무 문제가 없을 것으로 보이지만, 사실 아직까지 주어(subject)와 화제(topic)에 대한 개념과 중국어 연구 응용에 있어서는 학자들 간에 완전한 의견의 일치를 보지 못하고 있는 것이 현실이다.

이러한 문제들에 대한 논의는 한·중 두 언어 사이에 나타나는 구조적 차이를 체계적으로 인식하는 데 도움을 주고, 중국어 학습자들로 하여금 중국어 특징을 인지하게 하여 실제 회화를 구사하는 데 실질적인 응용을 가능하게 할 것이다. 물론 이러한 부분에 대한 연구가 기존에 없었던 것은 아니나, 체계적으로 두 언어의 구조적 차이를 논하고 그러한 차이를 중국어 교육에 직접 반영하는 데 있어서는 아직 부족한 부분이 없지 않다. 본 장에서는 중국어의 주제와 주어를 어떻게 이해할 것인지에 대하여 구체적인 언어 현상들을 예시하며 그에 대한 설명을 하여 기초학습자들도 쉽게 이해할 수 있도록 하였다.

2. 중국어 주어의 연구

1) 주어에 대한 연구

우선 馬建忠의 《馬氏文通》과 黎錦熙의 《新著國語文法》이 주어에 내린 개념부터 살펴볼 필요가 있다. 주지하듯이 1898년에 소개된 《馬氏文通》은 중국에서 《小學》과 같은 중국의 전통언어학의 틀을 벗어나 서구의 문법 이론을 적용한 최초의 어법서이다. 그리고 《新著國語文法》은 1924년 처음 출판되어 중국에서 중국 어문 교육에 있어서 가장 영향을 많이 끼친 교재이다. 《馬氏文通》에서는 주어의 개념을 다음과 같이 정의하고 있다.

起詞者，即所言之事物也。
주어란 말하고자 하는 사물이다.

子見南子，子路不悅。
공자가 남자(南子)를 만나자 자조(子路)가 불쾌해했다.

이 책에서 말하는 주어의 정의란 "주어는 서술되는 서술 대상이다."라는 것이다. 이 정의에 의하면 그 밑 예문의 주어는 '공자(子)'와 '자로(子路)'가 될 것이다. 후에 《新著國語文法》에서는 주어를 다음과 같이 정의하였다.

一個人說話，開口便要道個"甚麼"；這個"甚麼"，就是他那句話裏的主腦。主腦或是人，或是事，或是物；表示主腦的人或事物的詞，就叫做 主語。
(우리말 해석은 밑의 설명 참조)

즉, 黎錦熙는 "사람이 말을 할 때 입을 열면 자연스럽게 '무엇'이란 말을 하게 되는데, 이 '무엇'에 해당하는 것이 바로 말의 주체이다. 그리고 사람이나 사건 혹은 사물이 그 주체가 되게 되고, 그러한 주체를 나타내는 사람, 사건, 사물을 표시하는 단어를 '주어'라 한다."라고 하였다.

위에서 살펴본 두 정의와 그 정의에 대한 설명을 위해 제시한 예문만으로는 아직 다음과 같은 문장에 대한 분석에 부족한 면이 있다. 아래의 예문을 살펴보자.

(4) 家裏的事情，你不用管。
집안의 일은 너는 관여할 필요가 없다.

이런 예문의 분석에 대한 관심은 1940년대로 접어들어서 비로소 생겨났다. 위 예문을 우리말로 번역하면 "집안의 일은 너는 관여할 필요가 없다." 정도가 어울린다. 예문의 문두성분 '집안의 일(家裏的事情)'은 문장을 이끄는 동작자(施事者)가 아니다. 오히려 의미적으로 보면 '집안의 일(家裏的事情)'은 전체 문장의 의미상 목적어라고 보아야 옳다. 그리고 다음과 같은 문장의 주어에 대한 관심도 생겨나기 시작하였다.

(5) 有一個人站在窗戶外面。
창문 밖에 한 사람이 서 있다.

위 예문의 우리말 번역으로 보면, '한 사람'에 해당하는 중국어 문두 성분인 '有一個人'이 당연히 주어가 되어야 될 것으로 보인다. 그러나 중국 어문의 '有一個人'이 통사적으로 주어의 조건을 만족시키는 것인가는 더 논의되어야 할 문제이다. 이러한 문제들을 해결하기 위하여 중국에서는 1950년대에 주어와 목적어 문제에 대한 광범위한 토론이 진행되었다.

이러한 토론을 거치면서 제시된 주어 문제에 대한 의견은 크게 아래 3가지로 귀납된다.

첫째, 동사 술어문 중에서 주어가 동작자이고 술어는 동작을 표시하는 경우로, 黎錦熙와 王力 등이 대표적 인물이다. 둘째, 주어가 화제이고 술어는 화제에 대한 설명인 경우로, 趙元任, 張志公 등이 대표적 인물이다. 셋째, 주어가 동작자이면서 화제이고 술어는 동작이면서 설명인 경우로, 丁聲樹 등이 대표적 인물이다.

이 시기 주어를 판단하는 표준은 역시 크게 아래 3가지로 귀납하여 볼 수 있다.

첫째, 문장의 의미와 논리 관계를 표준으로 삼은 것으로, 黎錦熙, 王力 등이 대표적 인물이다. 둘째, 어순이나 낱말의 위치 같은 문장의 구조와 형식을 표준으로 삼은 것으로, 徐仲華, 邢公畹 등이 대표적 인물이다. 셋째, 첫째와 둘째 요소를 동시에 판단의 표준으로 삼은 경우로, 呂冀平, 張志公, 張其春 등이 대표적 인물이다.

이 시기의 토론을 거치면서 관심이 대상이 되었던 문장은 대부분 '家裏的事情你不用管。'와 같이 술어 앞에 두 개 이상의 명사성 성분이 출현하는 문장들이다. 이러한 문장들에 대하여 張其春은 대주어(大主語)와 소주어(小主語)라는 개념으로, 丁聲樹(1961)는 주술 술어문이라는 개념으로, 趙元任(1948)[1]은 화제와 평언이라는 개념으로, 宋采娃(1957)는 主題句라는 개념으로 해결점을 제시하였다. 물론 이들이 제시한 개념들이 완전히 같은 대상을 지시하지는 않는다. 다만 그들 개념들이 지칭하는 대상들을 비교하면 큰 틀에서는 같은 문제점에 대한 해결을 시도하고 있다고 생각할 수 있다.

또한 이 시기 陸志韋나 周法高의 주어에 대한 생각은 그 범위가 훨씬 확대되었음을 보여 준다. 陸志韋(1963)는 《論語》의 '學而時習之, 不亦說乎?'를 주어와 술어로 분석하는 방안을 제시하였고, 周法高(1961)는 '學而時習之, 不亦說乎?'를 화제(topic)와 평언(comment)으로 분석하기도 하였다. 이 두 사람이 가진 주어에 대한 관점은 이후에 등장하는 문두성분의 '명물화(名物化)'란 개념과도 일맥상통하는 점이 있다.

---

1 趙元任의 "중국어의 주어와 술어는 화제와 평언(comment) 관계로 보는 것이 합리적이다."라는 설은 보통 1968년 呂叔湘이 번역한 《北京口語語法》에서 비롯된 것으로 보지만(45쪽), 사실은 1948년 李榮이 편역한 《北京口語語法》에서 이미 그 의견을 제시하고 있다(16쪽). 내용에 대한 원문을 언급한 자료와 번역서의 서사 내용은 다음과 같다.
趙元任 著 李榮編 譯, 1952, 《北京口語語法》, 開明書店. (*Mandarin Primer, An intensive Corse in Spoken Chinese,* Harvard University Press, 1948.) "在漢語的句子裏主語可以從字面解釋成主題, 謂語不過是跟主題有關的話。"
趙元任 著 呂叔湘 譯, 1979, 《北京口語語法》, 商務印書館. (*A GRAMMAR OF SPOKEN CHINESE,* University of California Press, Berkeley and Los Angeles, 1968.) "在漢語裏, 把主語謂語當作話題和說明來看待, 較比合適。"

2) 주어의 판단 기준

중국어의 구조적 특성에 주의를 기울여 주어를 설명하던 1940년대 말 趙元任의 主題-評論說은 1970년대 들어 李納와 Thompson의 《主語與主題: 一種新的類型學》에서는 중국어를 주제중심언어로 분류하게 된다. 1980년대 들어 중국학자로는 胡裕樹와 范曉(1985; 1992)에서 三個平面說로 주어에 대한 연구를 진행하게 된다. 湯廷池(1979)는 '主語的句法和語意功能' 序에서 말하기를 중국어 주어를 보는 데는 두 가지의 극단적인 경향이 있다고 하였다. 그 하나는 王力을 대표로 하는 의미 관계에 근거하는 것이고, 다른 하나는 趙元任을 대표로 하는 구조적 어순이 주어를 판단하는 중요한 근거가 된다는 것이다.

종합하여 보면, 이 시기 주어 판단 기준에 대한 학계의 인식은 우선 구조상의 어순을 주요 기준으로 하고, 의미 또한 중시하는 쪽으로 점점 통일되고 있음을 알 수 있다. 그러나 李納와 Thompson의 '主語와 主題'에 대한 주장은 또 다른 논의가 필요함을 보여 준다. 이는 앞서 언급한 陸志韋(1963)와 周法高(1961)에서도 예견된 문제이다. 陸志韋(1963)가 '學而時習之'를 주어로 분석하고, 周法高(1961)는 '學而時習之'를 화제로 분석하였다. 그렇다면 이들 두 개념과 그들이 지시하는 대상들은 과연 무엇인가? 이에 대한 당시의 논의 결과는 주로 다음과 같이 귀납할 수 있다.

첫째는 화제와 주어가 동등하다는 설이다. 이 견해는 趙元任(1948), 朱德熙(1982), 李臨定(1985) 등에서 보인다.

둘째는 화제와 주어를 구분하는 설이다. 이 견해는 다시 두 각도로 나누어 볼 수 있다.

(1) 화제의 위치

A. 李納 and Thompson, 胡裕樹와 范曉(1985; 1992), 范開泰, 湯廷池, 曹逢甫 등은 화제는 문두에 위치한다는 견해를 견지한다.
B. 陸儉明(1986), 史有爲(1995), 方琰(1992), 徐烈炯·劉丹青(1998) 등은 화제가 반드시 문두에 위치할 필요는 없다는 견해를 보인다.

(2) 화제의 범위

A. 胡裕樹·范曉(1985; 1992), 范開泰, 湯廷池, 徐烈炯·劉丹青 등은 문장 범위의 화제를 지지한다.
B. 曹逢甫는 문맥 범위의 화제를 지지한다.
C. 錢乃容(1995)은 A와 B를 절충하는 주장을 한다.

중국어 주어에 관한 이러한 서로 다른 관점의 연구는 모두가 무형태 언어라는 중국어의 특성 때문에 발생하는 형식과 의미의 괴리를 어떻게 체계적인 이론으로 설명할까 하는 데서 나타난 결과라고 할 수 있다. 본 장에서는 예문 (1), (2), (3)처럼 문두의 주어 위치에 오는 비명사성 성분도 주어로 설명하는 것이 타당하다는 입장을 취하였다. 이는 주어와 화제를 동등하게 보는 관점이다. 다시 말해 우리는 주어를 판단함에 있어서 구조적인 어순을 일차적인 표준으로 삼고 이차적으로 의미를 고려하는 입장을 취하였다. 그 이유는 연구 목적에 따라서는 중국어를 연구하면서 고대중국어와 현대중국어를 구분할 필요가 없기 때문이다. 왜냐하면 문두성분의 출현 형태를 살펴보면 고대중국어와 현대중국어가 일맥상통하는 경향이 강하기 때문이다. 고대중국어를 분석하면서 본 장에서 이러한 표준을 적용한 것은 아주 유효하다고 생각한다.

3) 문두성분의 비명사성과 의미상의 명물화(名物化)

문두성분의 명물화란 문두에 출현한 비명사성 성분이 형태의 변화 없이, 비표적(non-marked)으로 의미상의 명물화가 된다는 것이다. 어법학계에서는 이런 현상에 대하여 품사의 활용으로 처리하여 명물화(名物化)란 용법이라 명명하거나 또는 중심단어가 출현하지 않는 용법이라 하기도 하였다. 명물화는 '명사화(名詞化)'로도 불린다. 사실 명물화란 명칭 안에는 상이한 시기의 다른 사람들의 여러 견해들이 모두 복합적으로 함축되어 있다. 胡裕樹(1994)는 '명물화'와 '명사화'는 완전히 다른 개념이라고 주장하였다. '名物化'는 의미적인 층위에서 동사나 형용사가 본래 표시하는 진술의 의미가 지시(指稱)의 의미로 파생된 것이고, '名詞化'란 동사나 형용사가 어법적인 층위에서 명사로 품사가 전이된 현상이라고 하였다.

한국어에서는 비명사성 단어나 구가 주어가 되려면 통상적으로 우선 어법상의 명사화를 해야 한다. 이때 사용되는 명사화 표지로는 '-기', '-음', '것' 등이 있다. 이는 어법기능상 품사의 전이라고 볼 수 있다.

그러나 중국어는 상황이 다르다. 엄격한 의미에서의 형태[2]가 발달하지 못한 중국어의 유형적 특징을 고려할 때, 중국어 문두에 위치하는 성분은 근본적으로 품사의 전이 없이 주어가 될 수 있다는 특성이 있다.

2 '협의의 형태'라고도 한다.

즉, 문두에 오는 성분들이 주어로 쓰여 서술의 대상이 되었을 때, 그 의미는 중국인의 사유 속에 내재된 상이나 이미지로 심리상의 '명물화'[3]가 되는 것이다.

주어나 목적어 위치의 서술성 성분의 활용 문제는 서술성 단어의 어법 기능과 관계가 있다. 서술성 단어의 어법 기능에 대하여 張學成(1991)은 중국어의 동사, 형용사는 자신이 직접 주어나 목적어가 될 수도 있고 혹은 名詞化된 이후에 될 수도 있다고 하였다. 姚振武(1994)는 서술성 성분은 구체적인 문장에서 轉指되는 데는 어떠한 형식 표기도 필요없으나 이 단어의 전체 기능으로 보면 이러한 轉指가 결코 최종적인 名詞化로 이르게 하지는 않는다고 하였다.

고대중국어 동사가 주어의 기능을 하는 데 대하여 어법학계에서는 완전히 상반된 견해가 존재한다. 崔立斌(1998)은 동사가 주어나 목적어가 되는 것은 객관적인 사실이고 동사가 주어, 목적어가 되는 상황과 명사가 주어, 목적어가 되는 상황과는 완전히 다르다는 사실도 인정하여야 한다고 보았다. 朱德熙는 문두의 서술성 성분의 어법 특징을 논하면서 서술성 성분은 원래의 어떠한 특징도 잃는 것이 없고 새로 명사적인 특징을 얻는 것도 없다고 하였다. 이로써 중국어에서 주어 위치의 비명사성 성분의 명물화는 단지 심리적인 문제임을 알 수 있다.

중국어 주술문의 경우, 문두성분으로 명사성 구조를 제외하더라도 주술 구조, 동사 구조, 형용사 구조, 편정 구조 등이 와서 모두 주어가 될 가능성이 있다.

이렇게 동사나 형용사성 성분 혹은 주술 구조가 문두에서 주어가 되

---

3 이런 위치의 '명물화'에 대하여, 范曉(《三個平面的語法觀》, 470~476)는 '動元化'로 명명하기를 주장하기도 하였다.

는 현상은 고대중국어에서도 쉽게 찾아볼 수 있다.

(6) 帷殯, 非古也。〈禮記·檀弓下〉
염한 관에 휘장을 두르는 것은 옛 풍습이 아니다.

(7) 以殉葬, 非禮也。〈禮記·檀弓下〉
살아 있는 사람으로 장사하는 것은 예가 아니다.

(8) 尊卑垂帨。〈禮記·曲禮上〉
존귀한 쪽 비천한 쪽 모두 수건을 드리운다.

(9) 庶子不祭, 明其宗也。〈禮記·大傳〉
서자가 조상에 제사를 지내지 못하는 것은 그 종법을 밝히기 위함이다.

(6), (7)의 경우는 동사성 성분이, (8)은 형용사성 성분이, (9)는 주술 구조가 주어가 되는 경우이다.

3. 문두성분의 특징

비명사성 성질을 가지는 문두성분에 대하여 그 특징을 통사적인 시각과 의미적인 시각의 두 각도로 나누어 살펴보기로 한다.

1) 통사적 특징

통사론적으로 보았을 때 비명사성 구조로 동사, 형용사, 동사의 병렬, 동목 구조 등이 자주 문두에 출현하고 있다.

(10) 去，可能沒有問題，回來，可能有問題。
가는 것은 괜찮을 것이나, 오는 것은 아마 안 될 것이다.

(11) 貧窮不是我們所希望的。
빈곤함은 우리가 바란 것이 아니다.

(12) 看一場電影一塊五。
영화 한 편을 보는 것은 15원이다.

(13) 上來、下去，都不太方便吧?
올라오는 것과 내려가는 것 모두 불편하지?

(14) 學習漢語，寫漢字、背生詞，最重要。
중국어를 학습할 때 한자를 쓰고 단어를 외우는 것이 제일 중요하다.

(15) 外出開會300元，請老師講課100元，請客送禮200元。
나가서 회의를 하는 것이 300원, 강사를 초빙하여 강의를 하는 것이 100원, 접대하고 선물을 보내는 것이 200원이다.

(10)에서는 동사, (11)에서는 형용사, (13)에서는 동사의 병렬 구조가 문두에 위치한다. 또 (12)에서는 동목 구조, (14)에서는 동목 구조의 병렬 구조, (15)에서는 연동 구조가 문두에 위치하고 있다.

화용론적인 측면에서 봤을 때, 동사나 동사적 어구의 문두 출현은 대비문에서 자주 발생하고 있다. 예문 (8)의 '去', '回來'처럼 대비적인 언어 서술 방식은 동사를 서술의 대상으로 삼아 주제화하기에 용이하다. 아래 예문은 이러한 대비문의 특징을 잘 보여 준다.

(16) 做飯不喜歡，吃飯喜歡。
밥을 하는 것은 좋아하지 않지만, 밥을 먹는 것은 좋아한다.

(17) 唱戲不喜歡，看戲喜歡。
연극을 공연하는 것은 좋아하지 않지만, 연극을 보는 것은 좋아한다.

(18) 找他不行，找我可以。
그를 찾는 것은 안 되고, 나를 찾는 것은 가능하다.

(19) 罵人不行，誇人可以。
사람을 욕하는 것은 안 되고, 사람을 칭찬하는 것은 괜찮다.

이러한 대비문의 특징은 또한 다음과 같은 문장을 생성할 수 있게 해 준다.

(16′) 做飯，我不喜歡，他喜歡。
밥을 하는 것은 나는 좋아하지 않는데, 그는 좋아한다.

(17′) 唱戲，他不喜歡，我喜歡。
연극을 공연하는 것은 그는 좋아하지 않는데, 나는 좋아한다.

또한 문두에 오는 비명사성 구조는 부사성 성분의 수식을 받는 수식 구조의 형태로도 자주 출현한다.

(20) 慢慢吃，對身體有大好處。
천천히 먹는 것은 건강에 큰 이점이 있다.

또한 문두에 오는 비명사성 구조는 동보 구조의 형태로도 출현한다.

(21) 講一遍還不夠，講兩遍差不多。
한 번만 말하는 것은 충분치 않고, 두 번을 말하는 것이 적당하다.

이뿐만 아니라 앞의 예문 (3) '我到家已經一個星期一了。'처럼 주술 구조의 형태로도 문두에 출현하여 주어가 될 수 있다. 다음과 같은 예가 있다.

(22) 我來, 有什麼不對?
내가 오는 것이 무슨 잘못이 있는가?

你來, 有什麼不好?
네가 오는 것이 무슨 안 좋은 점이 있는가?

明天去, 怎麼不行?
내일 가는 것은 왜 안 되니?

他說話, 山東口音。
그가 하는 말은 산둥 말투이다.

他走路, 一陣風。
그가 길을 걷는 것은 바람이 한바탕 부는 것과 같다.

我們改革經濟體制, 九年了。
우리가 경제체제를 개혁한 지 9년이 되었다.

我們進行經濟體制改革, 九年了。
우리가 경제체제 개혁을 진행한 지 9년이 되었다.

문두의 비명사성 성분은 개사 구조 부사어의 수식을 받는 편정 구조로 자주 출현한다.

(23) 從學校回來, 比從公司回來遠多了。
학교에서 돌아오는 것은 회사에서 돌아오는 것보다 더 멀다.

從他那兒到您家, 只要十分鐘。
그 사람이 있는 데서 당신의 집까지는 십 분이면 된다.

在家裏看電影，特有意思。
집에서 영화를 보는 것은 정말 재미있다.

在飯店吃飯，很貴。
호텔에서 밥을 먹는 것은 매우 비싸다.

在中國旅行，已經很方便了。
중국에서 여행하는 것은 이미 많이 편해졌다.

위에 예로 든 비명사성 성분들은 모두가 의미상 명물화된 것으로 보는 데 문제가 없는 것들이다. 그러나 아래에 보이는 예들은 개사 구조가 명사를 수식하는 관형어로 쓰여서 전체 문장의 문두성분이 된 경우와, 개사 구조가 부사어 형태로 문두에 쓰인 경우들이다. 이때 전자는 주어로 보아도 무방하지만, 후자의 경우처럼 개사 구조의 부사어가 명사화 되지 않은 상태에서는 그렇게 보기가 힘들다. 그런데 이러한 문두 성분들은 개사를 생략하여도 모두 어법에 맞는 문장이 될 수 있다는 특징이 있다.

(24) 由我付今天的飯費。
오늘의 밥값을 내가 지불할게.

(25) 在漢城，我們住幾天?
서울에서 우리는 며칠 동안 머물 것인가?

(26) 在我身旁發生了很多事情。
내 옆에서 많은 일이 일어났다.

(27) 在學校發生了很多事情。
학교에서 많은 일이 일어났다.

(28) 對客人，你好好兒招待。
손님에게 어떻게 잘 접대할까를 당신은 잘 생각해 봐라.

(29) 對於吃飯你們講究嗎?
밥 먹는 것에 대해 당신들은 중요시합니까?

(30) 對於這個問題市委何時能盡快解決?
이 문제에 대해 시정부는 언제 해결할 수 있는가?

(31) 對合理營養你們講究嗎?
합리적인 영양에 대해 당신들은 중요시하는가?

(32) 對禮物的選擇，已經跟以前大不一樣了。
선물의 선택에 대해 이전과 많이 달라졌다.

(33) 被錄取的希望很小。
뽑힐 희망이 아주 작다.

(34) 對朋友的父母，可以叫叔叔、阿姨或伯父、伯母。
친구의 부모에게 삼촌, 이모 혹은 아저씨, 아줌마라고 부를 수 있다.

(35) 對你這個決定我有意見。
당신의 이 결정에 대해 나는 다른 의견이 있다.

개사를 생략할 경우, (24)~(27)는 시사(施事, 동작의 주체)인 문두성분과 장소 표시인 문두성분이 주어가 되고 있다. 원래 시사주어나 장소주어의 경우는 개사를 첨가하든 첨가하지 않든 둘 다 어법에 맞는 문장을 생성할 수 있다는 특징이 있다. (28)~(31)의 문두성분은 모두 술어 부분 동사의 목적어가 될 수 있다. (32)~(35)는 개사를 생략할 경우 문두성분이 직접 술어 부분의 설명 대상이 된다. 위와 같은 구문들은 화용론적으로 문두성분의 내용을 부각시키는 특징이 있다. 구문을 분석하는 입장에서 보면 개사 없이 문두에 쓰인 성분은 주어가 되고, 개사를 쓴 문두성분은 전체 문장의 환경을 설정하는 환경격의 수식어라고 분석할 수 있다. 이에 대한 자세한 논의는 차후로 미루고, 본 장에서는 비명사성 성분도 문두에 출현할 수 있고 주어로 쓰일 수 있다는 사실을 학습자에게 인지시켜 주어서 실제 회화에서 학습자가 부담감을 최대한 줄인 상태에서 입을 열게 하고 다시 문두성분에 대하여 평언을 가하게 하는 데 그 목적을 두기로 한다.

2) 의미적 특징

이미 언급한 사실이나, 비명사성 성분이 문두에 출현하였을 때 명물화된 의미역을 아래와 같이 정리할 수 있다.

(1) 명물화된 비명사성 문두성분이 사람의 의미로 쓰인 경우

(36) 尊卑，垂帨。
존귀한 쪽 비천한 쪽 모두 수건을 드리운다.

抬桌子，三個人，擦窗戶，四個人。
책상을 드는 것은 세 사람, 유리창을 닦을 것은 네 사람이다.

(2) 명물화된 비명사성 문두성분이 시간의 의미로 쓰인 경우

(37) 購物應選最佳期。
쇼핑은 최고 좋은 때를 선택해서 해야 한다.

在家裏比在外面舒服。
집에 있는 것은 밖에 있는 것보다 편안하다.

去，可能沒有問題，回來，可能有問題。
가는 것은 괜찮을 것이나, 오는 것은 아마 안 될 것이다.

上來、下去，都不太方便吧?
올라오는 것과 내려가는 것 모두 불편하지?

離開學校，三年了。
학교를 떠난 지 3년이 되었다.

起床六點，午睡十二點。
일어나는 것은 6시이고, 낮잠을 자는 것은 12시이다.

吃餃子，應該有醋。
만두를 먹을 때는 마땅히 식초가 있어야 한다.

去故宮，堵了差不多一個小時。
고궁에 가는 데 거의 한 시간이나 (도로가) 막혔다.

去中國人家裏，沒什麼特別的規矩。
중국인의 집에 갈 때 딱히 지켜야 할 규칙은 없다.

(3) 명물화된 비명사성 문두성분이 일 혹은 사건의 의미로 쓰인 경우

(38) 帷殯，非古也。
염한 관에 휘장을 두르는 것은 옛 풍습이 아니다.

以殉葬，非禮也。
살아 있는 사람으로 장사하는 것은 예가 아니다.

庶子不祭，明其宗也。
서자가 조상에 제사를 지내지 못하는 것은 그 종법을 밝히기 위함이다.

貧窮，不是我們所希望的。
빈곤함은 우리가 바란 것이 아니다.

慢慢吃，對身體有大好處。
천천히 먹는 것은 건강에 큰 이점이 있다.

講一遍還不夠，講兩遍差不多。
한 번 말하는 것은 충분치 않고, 두 번 말하는 것이 적당하다.

學習漢語，寫漢字、背生詞，最重要。
중국어를 학습할 때, 한자를 쓰고 단어를 외우는 것이 가장 중요하다.

我來有什麼不對?
내가 오는 것이 무슨 잘못이 있는가?

你來有什麼不好?
네가 오는 것이 무슨 안 좋은 점이 있는가?

明天去怎麼不行?
내일 가는 것은 왜 안 되는가?

(4) 명물화된 비명사성 문두성분이 장소 간 거리의 의미로 쓰인 경우

(39) 從學校回來比從公司回來遠多了。
학교에서 돌아오는 것은 회사에서 돌아오는 것보다 더 멀다.

從學校到機場比到火車站遠五公裏。
학교에서 공항으로 가는 것은 기차역으로 가는 것보다 5킬로미터 더 멀다.

(5) 명물화된 비명사성 문두성분이 금액이나 가치의 의미로 쓰인 경우

(40) 看一場電影，一塊五。
영화 한 편을 보는 것은 15원이다.

外出開會，300元，請老師講課，100元，請客送禮，200元。
나가서 회의를 하는 것이 300원, 강사를 초빙하여 강의를 하는 것이 100원, 접대하고 선물을 보내는 것이 200원이다.

去漢城，7萬元韓幣。
서울에 가는 데 한화 7만 원이 든다.

買5斤黃瓜，10塊錢。
오이 5근을 사는 데 중국 돈 10원이 든다.

買一件衣服，需要一百多塊錢。
옷 한 벌을 사는 데 100원이 넘게 든다.

(6) 명물화된 비명사성 문두성분이 동작에 필요한 재료의 의미로 쓰인 경우

(41) 織一件毛衣，二斤線。
스웨터 하나를 짜는 데 실 두 근이 필요하다.

畫全旅程，需要20多張紙。
여행 코스를 전체를 그리는 데 스무 장 넘는 종이가 필요하다.

做這個項目，一噸磚石用不完。
이 공사를 하는 데 벽돌이 일 톤까지는 필요없다.

(7) 명물화된 비명사성 문두성분이 동작·행위 당시 특징의 의미로 쓰인 경우

(42) 他說話山東口音。
그가 하는 말은 산둥 말투이다.

他走路一陣風。
그가 길을 걷는 것은 바람이 한바탕 부는 것과 같다.

이제까지 본 장에서는 의미상 명물화된 비명사성 문두성분의 쓰임에 대하여 알아보았다. 이러한 성분들에 이름을 붙이는 데 있어서, 필자는 화용론적인 개념의 '화제(topic)'와 어법 개념인 '주어(subject)'를 구분하지 않고 袁毓林(1996)의 용어를 빌려 '화제주어'라고 명명하는 것이 좋을 것이라는 생각을 가지고 있다. 주어와 화제를 하나의 개념으로 섞는 것이 그다지 바람직하지 않음에도 불구하고, 본 장에서 주어와 화제를 하나의 개념으로 보는 것은 중국어 교육 현장에서 초·중급 학습자에게 주어와 화제를 구분하는 것이 학습에 대한 부담을 가중시킬 수가 있다고 판단하기 때문이다.

'화제주어'를 다루는 교육은 다음과 같은 효과를 기대할 수 있다.

첫째, 엄격한 의미의 무형태언어라는 중국어의 특징을 이해하게 함으로써, 중국어를 비교적 간단하고 자연스럽게 구사할 수 있게 하는 데 도움이 된다.

둘째, 중국어 개사와 우리말 후치성분과의 통사·의미 관계의 교육과 학습에 도움이 될 수 있다.

셋째, 중국어 문장의 끊어 읽기와 회화 부문의 학습자에게 적극성과 자신감을 주어 '자신 있게 입을 열기가 어려운(開口難)' 문제를 해결하는 데 도움이 될 것이다.

우리는 초·중·고급 중국어를 교육하는 중에 기본문법에서 보이는 어순을 위배하거나 하여 얼른 보면 문법을 벗어난 것같이 보이는 문장을 중국 원어민들은 실제 회화에서 많이 사용한다는 사실을 발견하곤 한다. 그런 표현들은 중국어를 처음 배우는 학습자들이 사용하기가 쉽지 않다. 그래서 우리의 교육 현장에서는 이러한 언어 현상을 무시하거나 피해 가는 경우가 많았다. 본 장에서는 이러한 문제점을 해결하기 위한 길이 중국어와 우리말의 언어 유형적 차이점을 이해하는 데 있다고 생각하고 필자의 의견을 개진하고자 한다. 이러한 논점에서 출발하면 아래 예문의 문두성분인 '購物'와 '在家裏'는 모두 주어[4]로 볼 수 있다.

---

4 중국어의 문두성분에 대한 통사 분석과 화용 분석의 문제는 이 책의 제3장에서 좀 더 자세히 다룬다.

購物應選最佳期。

쇼핑은 최고 좋은 때를 선택해야 한다.

在家裏比在外面舒服。

집에 있는 것은 밖에 있는 것보다 편안한다.

위의 예문에 나타난 문두성분들은 그 표면적인 구조가 명사성 구조이었든 아니면 비명사성 성분이었든 그것이 심리적으로 명물화된 성분이라고 판단할 수 있기 때문이다. 그리고 이러한 언어 현상은 앞서 든 예들을 통해서 보듯이, 중국어사에서 고대와 현대에 모두 공존한다. 물론 이러한 잠정적인 결론은 중국어의 일부 현상에 대한 교육이라는 이상적인 목적을 위한 초보적 연구에 기초한 것이다. 따라서 같은 분야의 연구에 종사하는 전문가들의 다른 판단과 주장도 있을 수 있을 것이다.

제2장 | 중국어 문두성분의 의미적 특징

제1장에서 필자는 '무형태적 특징이 강한 중국어의 문두성분을 어떻게 이해하여야 할 것인가?'라는 문제에 대하여 논의하였다. 이와 관련된 선행 연구들은 대부분 명사성 문두성분을 대상으로 하여 그들의 통사적·화용적·의미적 특징에 대한 논의한 것들이 대부분이고, 비명사성 문두성분에 대해서는 심도 있는 언급이 거의 없었다. 그래서 중국어 교육 현장에서는 이러한 현상을 무시하거나 피해 가는 교육으로 일관하게 되는 것이 또한 현실이었다. 본 장에서는 문두성분이 명사성이 아닌 형태로 나타나는 양상에 대하여 의미적 기준에서 자세히 살펴보고자 한다.

1. 문두성분의 서술성 의미

중국어에서는 '동사, 형용사, 서술성 대사, 동사구, 형용사구, 주술구' 등 서술성 의미를 담은 단어나 구가 문두에서 주어를 담당하는 경우가 있다. 이를 서술성 주어라고도 한다. 서술성 주어는 그에 대한 술어의 존재를 전제로 한 말이며, 술어란 주어를 제외한 모든 성분을 통칭하는 말이다. 따라서 서술성 주어와 술어는 바로 중국어의 유형학적 특징을 잘 보여 주는 주제(topic)와 평언(comment)의 성격을 강하게 지닌다. 서술성 주어에 대한 이해를 돕기 위하여 본 장에서는 우선 서술성 주어의 언어 현상 구조에 대하여 묘사와 분석을 하였다. 그리고 이러한 현상과 관련된 '명물화(名物化)', '논항(argument)', '摹似性(iconicity)' 등의 주요한 개념에 대해 설명하고, 그들을 매개로 다시 서술성 주어를 설명하였다. 그런 다음, 마지막으로 서술성 주어에 대한 의미적 특징과 그 생성 기제를 자세히 설명하였다. 주요 개념들을 설명하고 전체 논의를 이끌어가는 데 있어서는 주로 인지(cognition)와 기능(function)이란 사고 틀의 기초 위에서 논의를 진행하였다. 왜냐하면 서술성 주어를 의미범주 영역 안에서 논의하기 위하여 설명해야 하는 '명물화, 논항, 모사성' 등의 개념들은 모두 인지와 기능에 기인하기 때문이다. 중국어에서 서술성 주어의 유형은 다음과 같이 나타난다.

서술성 주어가 그에 대한 설명 부분과 함께 주술문을 이루는 구조가 있다. 이 부분과 관련해서는 이우철(2003; 2006)에서 부분적인 논의가 보이고, 최근의 논문으로는 吉田太謙(2007)과 薑紅(2008)의 연구가 가장 전면적이고 체계적이다. 본 장에서 진행하는 의미적 특징에 대한 논의 또한 이들 논의의 바탕 위에서 진행된 것이다. 중국어에서는 서술성 단위가 형태 변화 없이 주어가 될 수 있다는 사실을 우리는 잘 알고 있다. 이는 영어나 우리말, 그리고 격변화를 요구하는 일부 언어와는 다른 특징이다. 서술성 단위를 그 통사 구조 층위에서 보면 단순히 '동사, 형용사'와 같은 단어에서부터 '부사어+중심어, 동사+목적어'와 같은 수식 구조 및 주술 구조까지 다양하다. 우선 단어가 단독으로 쓰인 주어를 예의 경우를 살펴보기로 하자.

(1) 散步是非常好的健身活動。
산보는 좋은 건강 운동이다.

翻譯不容易。
번역은 어렵다.

(2) 聰明不是天生的。
총명은 나면서 주어지는 것이 아니다.

整齊比不整齊好。
잘 정돈된 것이 정돈되지 않은 것보다 좋다.

(1), (2)는 모두 단어가 단독으로 주어로 쓰인 예이다. (1)은 동사 '散步', '翻譯'가 주어로 쓰인 경우이며, (2)는 형용사 '聰明', '整齊'가 주어로 쓰인 경우이다. 다음 예문에서 밑줄 친 부분은 구절 구조가 주어로 쓰인 예이다. 그에 대한 우리말 번역 부분에도 밑줄로 표시하였다.

(3) 這樣吃會把你的胃吃壞的。
이렇게 먹는 것은 네 위를 망가뜨릴 수도 있다.

從她學校到頤和園有兩條路。
그녀의 학교에서 이화원을 가는 데에는 두 가지 길이 있다.

(4) 去加拿大出國留學一年要多少錢？
캐나다로 가서 유학하는 데는 일 년에 얼마가 필요합니까?

上服裝店買衣服成了她的一項工作了。
옷집에 가서 옷을 사는 것은 그녀의 일이 되어 버렸다.

(5) 開飛機容易。
비행기 조종은 쉽다.

在家裏比在外面舒服。
집에 있는 것은 밖에 있는 것보다 편안하다.

(6) 你們睡覺還好吧？
여러분, 잠은 잘 주무셨습니까?

你掌握一門外語就等於爲自己開辟一個新世界。
네가 외국어 하나를 잘하게 된다는 것은 너 자신을 위해 새로운 세계를 하나 여는 것이나 마찬가지이다.

(7) 讓他參加比賽最合適。
그로 하여금 대회에 참가하게 하는 것이 제일 적합하다.

請他介紹學習經驗受到同學們的歡迎。
그에게 청해서 학습 경험을 소개한 것은 학생들의 환영을 받았다.

예문 (3)~(7)에서 밑줄 그은 부분은 모두 구절 단위이며, 그들은 모두 서술성 주어이다. 그중 예문 (3)의 '這樣吃'와 '從她學校到頤和園'는 '부사어+중심어'가 된 수식어 구조, 예문 (4)의 '去加拿大出國留學'와 '上服裝店買衣服'는 연동 구조, 예문 (5)의 '開飛機'와 '在家裏'는 동목 구조, 예문 (6)의 '你們睡覺'와 '你掌握一門外語'는 주술 구조, 예문 (7)의 '讓他參加比賽'와 '請他介紹學習經驗'은 겸어 구조로 이루어진 주어이다. 수식어 구조의 다른 한 모형인 '관형어+중심어' 구조는 예문 (3)과 달리 그 성질이 서술성이 아닌 명사성이기 때문에 당연히 본 장의 서술 대상이 아니다.

각 예의 우리말 해석을 보면 알 수 있듯이, 격 표지를 가지는 우리말에서는 주어는 모두 의존명사 '것'을 이용하여 명사화된 다음에 주격(혹은 화제 표시 형태소)조사가 첨가된 후에 주어가 되었다.

기존의 주어 연구에 대한 논의들은 이들 유형의 주어를 제외한 경우가 대부분이었다. 그 이유는 아마도 이들 유형이 보편적인 언어관에서 보면 주어는 명사성 성분이 되는 경우가 일반적이기 때문일 것이다. 그래서 이들 유형의 주어를 설명함에 있어서도 화용론적인 시각에서 화제화(topicalization) 범주 개념을 반영하거나, 전환 생성의 개념을 반영하여 기저구조와 표층구조의 전환 과정에서 파생되는 유형으로 설명하는 경우가 많았다. 그러나 필자는 화제와 주어의 구분에서 엄격한 경계 설정이 어렵다는 이유와 중국어에서 이러한 유형의 구문은 파생구조라기보다 오히려 기저구조로 보는 견해가 타당하다는 입장에서 논의를 진행할 것이다.

2. 의미상의 명물화

일반적으로 모든 문장은 주어와 술어로 이루어진다고 본다. 이는 전통 논리학에서 말하는 이분법적 사고의 모형으로서 아리스토텔레스의 범주화 논리에 기인한 것이다. 이에 따르면 범주적 판단(categorical judgement)은 어떤 실체(entity)와 그 실체의 속성에 대한 진술이나 부인의 두 부분으로 구성된다. 본 장에서는 이러한 논리적 구조를 받아들여서 문장의 구성을 기본적으로 주어와 술어로 이루어진 것으로 간주한다. 그리고 이 논리로 '서술성 주어+술어' 구문을 이해하면, 서술성 주어는 '어떤 실체(entity)'를 뜻하는 지칭 의미를 가지게 되며, 술어는 그 실체의 '속성'을 진술하게 된다.

1) 명물화 개념의 탄생

명물화란 바로 주어가 가지는 '어떤 실체(entity)'에 대한 이해를 하는 과정에서 생겨난 용어이다. 사실 거기에는 형태·통사론적인 개념과 의미론적인 개념이 혼용되고 있다.

중국 어문 교육의 체계를 위한 지침서인 《暫擬漢語教學語法系統》에서 '動詞, 形容詞'의 '名物化'란 명칭이 쓰이면서, '名詞化'란 명칭도 등장하는데, 1984년 들어 이 책의 개정판인 《中學教學語法系統提要(試用)》에서는 여러 명칭의 혼용으로 혼란을 가져온다는 이유를 들어 '名物化'란 명칭을 취소하였다. 여기에서 말하는 명물화는 胡裕樹(1994)의 설명을 따르기로 한다. 그에 의하면 명물화는 의미론적인 층위에서 동사, 형용사의 진술 의미가 지칭 의미로 전성된 개념이고, 명사화는 통사 층위에서 동사, 형용사가 명사로 전성되는 현상을 말하는 것이다. 이러한 현상과 그에 대한 논의에는 바로 '서술성 주어+진술' 구문이 현대 중국어 연구사에서 매우 중요한 논쟁으로 꼽히는 '주어/목적어'와 '무품사론'의 원인 제공의 실체이기도 하다는 의미가 담겨 있다.

2) 중국어 명물화와 영어의 비교

그럼, 중국어 명물화 현상은 형태의 변화가 풍부한 다른 언어와 비교했을 때 어떤 특징으로 나타나는가?

熊仲儒(2001: 230)는 중국어와 영어는 표층 층위에서의 구조 원칙에 차이가 있음을 설명하고 있다. 다음은 熊仲儒(2001)에서 든 朱德熙(1985)의 예문이다.

(8) a. He flies a plane.
그는 비행기를 조종한다.

b. To fly a plane is easy.
비행기를 조종하는 일은 쉽다.

c. Flying a plane is easy.
비행기를 조종하는 일은 쉽다.

(9) a. 他開飛機。
그는 비행기를 조종한다.

b. 開飛機容易。
비행기를 조종하는 일은 쉽다.

c. 開飛機容易。
비행기를 조종하는 일은 쉽다.

영어의 경우, 동사 'fly'가 (8a)처럼 술어 위치에서는 限定形式(flies)을 취하였고, (8b)와 (8c)처럼 주어 위치에서는 'to fly'와 'flying'으로 非限定形式을 취한다. 그러나 중국어의 경우는 이와 다르다. 아래 <그림 1>에서 보듯, 영어 표현 'flies a plane', 'to fly a plane', 'flying a plane'에 상응하는 중국어의 표현은 모두 '開飛機'이다. 즉 중국어에서는 어순과 기능에 관계없이 어느 위치에서 무슨 성분을 담당하든 그 형식은 －開飛機로－ 모두 동일하다.

이렇듯 형태적으로는 영어와 중국어 사이에 쓰임의 객관적인 차이가 있다. 그럼에도 불구하고 이를 언어가 가지는 보편적인 성질이라는 각도에서 설명하는 학자들이 많은 것 또한 사실이다. 熊仲儒(2001: 230)의 경우만 하더라도 표층 구조의 구절 구조에서는 중국어와 영어의 구조 원칙이 서로 다름을 인정하면서도 전환 층위에는 두 언어 간에 보편적 일치성이 존재한다는 관점을 보여 준다.

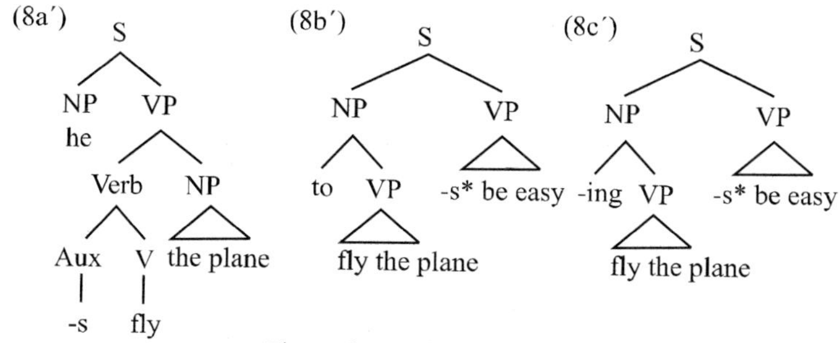

그림 1. 예문 (8a)~(8c)의 수형도

그의 주장은 〈그림 1〉의 (8a′)~(8c′)에서 보이듯이 "fly the plane"이 어디에 위치하더라도 전환 층위에서는 동일한 형태를 유지한다는 것이다. 주지하듯이 촘스키의 전환 모형이 이룩한 가장 큰 업적 중에 하나가, 동일한 의미를 가졌지만 ―즉 심층구조가 동일한― 형태가 다른 표층 구조를 가정할 수 있는 경우를 설명할 수 있다는 것이다. 熊仲儒(2001)은 중국어의 서술성 동사를 이러한 전환의 방법으로 설명하고자 하는 것으로 보인다. 그러나 최근 기능어법이나 인지어법에 의하면, 표층 층위의 문장과 전환 전 기저구조의 문장이 의미상 차이가 있다고 보는 것이 일반적이다.

어쨌든 형태언어에서는 동사 'fly'가 주어가 되기 위하여 통사부의 전환 과정을 거쳐야 한다. 'to'와 '-ing'란 형태를 빌려야 의미상의 명물화를 이룰 수 있고, 서술부의 동사로 쓰일 때는 (8a′)에서 보듯 내부 굴절을 하여 'flys'의 형태를 취해야 한다. 그러나 형태가 발달하지 않은 유형학적 특징을 가지는 중국어에서는 형태 변화의 전환 과정 없이 그대로 주어 위치에서 의미상 명물화를 이루고 술어 위치에서 또한 형태 변화 없이 진술 의미를 표시한다. 아래 수형도는 이 특징을 잘 보여준다. 〈그림 2〉의 (9a′)~(9c′)에서 동사구 '開飛機'는 그 위치에 관계없이 그 형태 그대로 (9a´)에서는 목적어가 되고 (9b´)와 (9c´)에서는 주어가 된다. 그래서 결과적으로 영어에서 서로 다른 형태 구조를 취하였던 (8b)와 (8c)가 중국어 구조에서는 (9b)와 (9c)로 동일한 형태를 취하는 것이다.

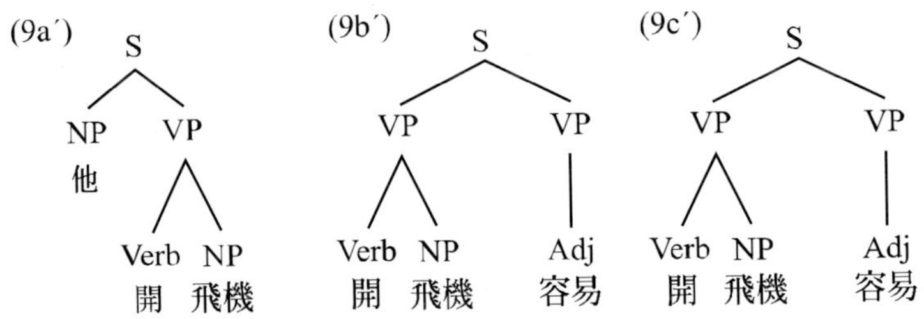

그림 2. 예문 (9a)~(9c)의 수형도

우리말의 경우도 영어의 경우와 비슷하다. 서술성 단위가 주어 위치에 오기 위해서는 '것', '-음', '-기' 등의 명사화 수단인 의존명사를 이용하거나, 예문 (10)에 대한 우리말 해석 (11)처럼 '행위자'나 '시간'이란 명물화 의미를 표시하는 성분(사람, 때)을 첨가할 것이다. 이는 무엇을 의미하는가? 우리말 역시 그 전환 과정에서 형태 요소의 첨가를 빌려 의미상의 명물화를 이루고 있음을 말해 주는 것이다.

3) 명물화로 파생되는 추상 의미

姚振武(1996)는 진술 의미의 지칭 의미로의 전성에 있어서 유표적 방법과 비표적 방법의 두 가지가 있음을 제시하였다. 본 장에서 논의하는, 서술성 주어가 지칭 의미로 명물화되는 것은 바로 비표적 방법에 의한 것이다. 서술성 주어가 비표적인 방법으로 지칭 의미화하기 때문에 그들이 구체적으로 표출하는 추상 의미의 귀납이나 개괄은 쉽지가 않다.

앞서 살펴보았던 예문 (3)~(7)과 아래에 예시한 예문 (10)의 서술성 주어들의 지칭 의미로 명물화되면서 보여 주는 구체적 추상 의미는 어느 정도 모호성을 가지고 있다. 우선 추상 의미로의 귀납을 다시 한 번 살펴보자.

(3)의 '이렇게 먹는 것은(這樣吃)'은 '행위'의 추상 의미로 귀납되었고, '그녀의 학교에서 이화원을 가는 데는(從她學校到頤和園)'은 '방법'이란 추상 의미로 귀납되었다.

(4)의 '캐나다로 유학가는 데는(去加拿大出國留學)'은 '사건'이란 추상 의미로 귀납되었고, '옷집에 가서 옷을 사는 것은(上服裝店買衣服)'은 '행위'란 추상 의미로 귀납되었다.

(5)의 '비행기 조종은(開飛機)'은 '일'이란 추상 의미로 귀납되었고, '집에 있는 것이(在家裏)'는 '시간'이란 추상 의미로 귀납되었다.

(6)의 '여러분 수면하는 것이(你們睡覺)'는 '행위'의 추상 의미로 귀납되었고, '네가 한 외국어를 잘하게 된다는 것은(你掌握一門外語)'은 '상황'이란 추상 의미로 귀납되었다.

(7)의 '그로 하여금 대회에 참가하게 하는 것이(讓他參加比賽)'는 '처리'란 추상 의미로 귀납되었고, '그에게 청해서 학습 경험을 소개하게 하는 것은(請他介紹學習經驗)'은 '사건'이란 추상 의미로 귀납되었다.

위에서 추상 의미로의 귀납이 모호하다는 점은 (6), (7)과 같은 경우에 많이 두드러진다. (6)의 경우, '행위'로 귀납한 추상 의미가 '때' 혹은 '행위 자체'로는 귀납이 안 되는가 하고 의문을 가질 수 있다. 또 (7)의 경우, '처리'로 귀납한 추상 의미가 '결정'으로는 귀납이 안 되는가 하고 의문을 가질 수 있다. 이러한 의문을 가지는 것은 당연하다. 이렇게 보면 서술형 주어가 명물화되면서 생성되는 추상적 지칭 의미는 구체적인 환경에 따라 얼마든지 다양해질 수 있다. 왜냐하면 지칭 의미의 생성은 우리의 인지에 기인하는 것이며, 인지는 주로 우리의 경험적 지식에 기인하기 때문이다. 또 우리가 경험하여 얻을 수 있는 지식이라는 것은 한정적일 수밖에 없으므로 경험적 지식에 의지한 인지 의미의 귀납이라는 것은 당연히 절대적인 것이 될 수 없다. 따라서 상황에 더욱 적합한 의미의 귀납은 이론적으로 언제나 가능하다고 보아야 되는 것이다.

이런 의미범주로의 귀납은 전통 논리학의 범주 이론에 그 근거를 두는 것이며, 劉辰誕(2006: 8)의 연구에 의하면 그런 범주 계통은 사실상 객관적으로 존재하는 것도 아님을 알 수 있다. 이에 대한 좀 더 명확한 설명을 하기 위하여 아래에 담화 상황을 설정하여 부연 설명을 하였다. 제시된 담화 상황은 특정 사건 서술에서 쉽게 나타날 수 있는 일반적인 경우이다. 예문 (10)은 이 글에서 논하는 서술성 주어의 전형적인 예로서, '행위자'와 사건이 발생한 '시간'과 '처소'와의 관계를 이해할 때 반드시 어느 한쪽으로 결정하는 게 쉽지 않음을 보여 준다.

(10) 上路要小心。

예문 (10)의 '上路'는 '길을 가다'라는 의미의 동사이다. 동사 '上路'의 진술 의미는 주어로 쓰이면서 '조심해야 한다(要小心)'라는 술어와 의미상 직접 성분을 이룬다. 이때 우리는 그의 의미를 (11)처럼 이해할 수 있을 것이다.

(11) a. 길을 가는 사람은 조심해야 한다. (행위자)
b. 길을 갈 때는 조심해야 한다. (시간)

(11)에서 원래 동사 '上路'는 의미상 명물화되어 '행위자'나 '시간'의 추상적 지칭 의미로 되었다. 다만 그 지칭 의미가 반드시 '행위자'여야 되거나 혹은 반드시 '시간'이 되어야 하는 것은 아니고, 그것은 인지하는 자나 혹은 환경에 따라 달라질 수도 있다는 것이다.

다음의 예 또한 마찬가지이다.

(12) 帶孩子要小心。

(12)의 '帶孩子'는 원래 '아이를 데리고 (가다)'란 의미의 동사구이다. 이 동사구는 주어 위치에서 술어 '조심해야 한다(要小心)'와 직접 성분을 이루며 의미상으로 명물화가 되었다. 아래 (13)의 번역(애를 데리고 가는 사람, 애를 데리고 갈 때)에서는 '帶孩子'를 행위자와 시간이란 의미로 명물화가 된 것으로 보았다. 그러나 (13a)가 더 옳다 혹은 (13b)가 더 옳다 하는 것은 상황에 따라 다를 수 있다.

(13) a. 애를 데리고 가는 사람은 조심해야 한다. (행위자)
b. 애를 데리고 갈 때는 조심해야 한다. (시간)

이 글에서는 (10)과 (12)의 문두 동사 성분을 주어로 보는 전제하에서 논의를 진행하였다. 그리고 서술성 주어는 의미상 명물화가 되었다. 주어는 일반적으로 술어 동사와 논항 관계를 이룬다. 서술성 주어도 술어 동사의 논항이 되어야 옳다.

3. 논항

문장이 주어와 술어로 이루어지는 점은 어느 언어에서나 공통적으로 보이는 구조 현상이겠으나, 언어에 따라서 그 주어와 술어와의 관계나 혹은 주어와 술어의 성질은 서로 다를 수 있다. 앞에서는 '서술성 주어+술어' 구문에서 전항(前項) 서술성 주어는 의미상 명물화되어 '어떤 실체(entity)'를 지칭하는 부분으로 자리함을 보았다. 그렇다면 이 서술성 주어와 술어는 어떻게 의미 관계를 형성하면서 문장을 이루는 것일까?

1) 논항 일반

劉辰誕(2005)은 논항 구조를 "의미와 통사의 접점 구실을 하는, 즉 인지(認知)와 통사 구조를 연결시켜 주는 다리 역할을 하는 것"으로 보았다. 그렇다면 '서술성 주어+술어' 구문에서 전항(前項) 서술성 주어는 논항 자격을 가지는가? 결론부터 말하면, 당연히 논항 자격을 가져야 한다. 그러나 문제는 일반 형태 언어에서는 문장의 주어를 명사성 성분이 담당하게 되고 그 명사성 성분이 논항이 되는 것은 문제가 없는데, 본 장에서는 서술성 주어, 즉 비명사성인 주어를 가지고 논항 문제를 논한다는 점이다. 이러한 논의의 중요한 의도는 기타 언어와 비교하였을 때 나타나는 중국어 어법의 무형태적 특징을 잘 이해하고자 하는 데 있다. 만약 논항 구조를 논하면서 일반적인 현상만을 논한다면 자칫 '서술성 주어+술어' 구문의 특성을 제대로 인식하지 못할 수도 있다. 일반적으로 논항 구조에서 논항의 결정에는 동사 중심 사상이 전제된다. 이런 관점에 의하면, 술어는 주어에 대한 서술 또는 주어에 대한 특성을 부여하는 주체가 되고 문장의 중심 요소는 주어가 아니라 술어가 된다. 또 술어로 쓰이는 동사나 형용사가 어떤 것이냐에 따라 문장을 구성하는 요소들이 결정된다.

문장 구조의 구성과 관련해서는 언어의 보편적인 특징을 주장하는 것과 개별적인 특징을 주장하는 주장이 양립한다. 백은희(2007)는 논리철학적 접근법을 이용하여 여러 언어에 있어서 논리 판단의 유형과 문장 구조와의 상관성이 중국어의 그것과 근본적으로 다르다는 특징을 주장하고 있다. 물론 이 글이 중국어 서술성 주어의 의미적 특성을 설명하는 데 초점이 맞추어져 있는 것은 아니지만 중국어 문장의 개별 언어적 특성을 잘 설명하고 있다는 데 있어서는 본 장의 내용과 맥을 같이한다고 볼 수 있다.

문장에서 주어로서 사건 서술의 대상이 되면 그 성분은 구조적으로는 술어 동사와 직접 성분을 이루고, 의미적으로는 술어 동사와 논항 구조를 이루어야 하기 때문에 본 장의 첫머리에서 서술성 주어의 논항 자격을 당연한 것으로 보았다. 이와 관련해서 학계에서는 다음과 같이 긍정하는 쪽과 부정하는 쪽의 두 가지 견해가 있다.

부정적인 견해로는 袁毓林(1995)이 대표적이다. 袁毓林(1995)은 명사와 동사의 의미 관계를 '핵심격(核心格), 주변격(外圍格), 환경격(環境格)'의 세 부분으로 나누고, 핵심격에는 '주체(施事)', '당사(當事)', '객체(受事)'와 '결과(結果)' 등을 두고, 주변격(外圍格)에는 '여사(與事)'와 '공구(工具)' 등을 두었고, 환경격에는 '시간'과 '처소' 등을 두었다. 袁毓林(1995)은 주변격과 환경격에 속하는 의미 범주는 대부분 문장에서 부가어의 기능을 하기 때문에 동사의 논항이 되지 않는다고 보았다.

긍정적인 견해로는 熊仲儒(2009a)가 대표적이다. 熊仲儒(2009a: 565)는 주변격도 논항이 될 수 있다는 견해를 보인다. 그의 견해에 의하면 동사는 사건의 모습만을 지시하고 논항을 결정하는 것은 기능 범주가 하는 역할이라는 것이다. 그래서 만약 기능 범주가 환경격을 선택한다면 환경격은 바로 논항이 될 수 있고 이 논항은 또 주어가 될 수 있게 되는 것이다. 熊仲儒(2009a: 562)는 필모어(Fillmore, 1968)가 제시한 주어화 원칙을 소개하고 있다. 주어화 원칙에 의하면, "만약 행위자가 있으면 행위자가 주어가 되고, 만약 행위자는 없고 도구격만 있으면 도구격이 주어가 되고, 만약 행위자와 도구격이 다 없으면 受事가 주어가 된다." 熊仲儒(2009a)가 직접 문장의 구성의 범위를 본 장에서 논하고 있는 '서술성 주어+술어'로까지 확대시켜 언급한 것은 아니다. 그러나 필모어의 주어화 원칙이 '서술성 주어+술어'에 적용되는 데에는 아무런 문제가 없어 보인다.

2) 주어와 논항

熊仲儒(2009a: 565)가 袁毓林(1995)과 다른 견해를 주장하는 주된 이유는 袁毓林(1995)처럼 주위격에서 논항의 자격을 박탈하였을 경우 너무 많은 언어 현상들에 대한 어감의 차이를 설명할 수가 없다는 점이다. 필자는 같은 이치로 '서술성 주어+술어' 구조의 전항(前項)인 서술성 주어에도 논항의 자격이 주어져야 된다고 판단하는 것이다. 필자의 이러한 판단의 근거로는 이기웅(2002)과 胡建華(2007; 2010)에서도 상당 부분 찾을 수 있다. 서술성 주어의 논항 자격은 서술성 주어가 추상적인 지칭 의미를 가진다는 전제하에 이루어진다. 그리고 이 추상적인 지칭 의미는 다양해질 수 있다. 胡建華(2007; 2010)는 “현대중국어가 주어나 목적어에서 가지는 논항 구조와 명사성 참여 개수 사이의 자유로운 관계”가 한국어나 일본어에는 없다고 주장한다. 이러한 주장은 매우 일리가 있으며 본 장의 논지와도 매우 관련이 깊다고 생각한다.

통사와 문장 성분, 화용과 어순, 문두성분과 논항 사이의 관계는 사실 모두 인간의 인지와 관련이 깊다. 黃春麗(2009: 126)에 의하면 “통사는 자족적인 것이 아니고 의미 구조의 일반 규칙을 나타내는 상징으로 인간의 감지 구조를 반영하는 방식”이다. 화자가 문장을 만들 때 대뇌에서는 이미 사물에 대한 인식의 개념 계통을 선택하게 되는데, 이때 화용상 문두의 위치를 선택하는 것은 전달 내용을 현저하게 두드러지게 하고자 하는 것이며, 통사상 문두의 이 부분은 문장에서 주어가 된다. 화자는 무엇인가를 표현하고자 할 때 어순이나 문형의 변화를 통해 주로 현저하게 나타내고자 하는 바를 주어로 삼고 문두에 위치하게 되는 것이다.

가령 어떤 사람이 “오늘 오후 내내 쇼핑을 하였다.(今天下午一直逛商店, 沒去圖書館。)”라고 발화하였고, 상대방이 (14)와 같이 말을 받았다고 하자.

(14) 逛商店有意思嗎?

(14)에서 ‘쇼핑하다’란 뜻의 ‘逛商店’은 화용상 문두성분에 두었기 때문에 통사상 ‘서술성 주어’가 된다. 그리고 술어와 직접 성분을 이루는 논항이 된다. 그리고 의미상 명물화되어 ‘쇼핑하는 행위’의 추상 의

미로 지칭화되었다. 이 지칭화된 의미의 귀납은 매우 다양해질 수 있다. 그것은 이 발화자들의 인지의 결과이다. (14)가 단순히 의미상으로는 '쇼핑하다'와 '재미있다'가 결합한 의문문에 불과하지만 (14)가 나타내는 전체 의미는 문자적인 의미의 총합 그 이상이 된다는 것이다. (14)에 대한 (15)와 같은 상황은 이를 잘 반영한다.

(15) a. (단순한 질문) 쇼핑이 그렇게 재미있니?
b. (질책의 의미) 쇼핑이 뭐가 그렇게 재미있어서 온종일 그렇게 돌아다니니?

앞서 서술성 주어는 형태상 그대로 동사(구조)이나 의미상으로 명물화되었다고 하였다. 그러하다면 이러한 의미상의 명물화는 도대체 어떻게 생겨 나는 것일까? 사실상 그에 대한 답은 이미 앞의 2절 3항('명물화로 파생되는 추상 의미')의 문맥에 들어 있다. 서술성 주어란 그 위치와 가장 관계가 깊은데, 문두의 위치는 대부분 담화상 정보 전달을 현저하게 나타내기 위한 내용을 두는 곳이기 때문이다. 그래서 서술성 주어는 대부분 담화 문맥에서 화제가 된다.

서술성 주어의 성립은 중국어의 무형태적 속성과 관련이 있다. 이는 중국어의 의미형 언어로서의 특징을 잘 반영한다. 徐通鏘이 중국어를 그 속성상 語義型 언어라고 분류하는 것도 그 근본 근거가 일정 부분 여기에 있다. 어떤 유형학적인 특징을 가지는 언어이든지 언어행위에서는 당연히 의미의 정확한 전달을 요구받는다. 서술성 주어의 특징은 형태형 언어에 비해서 형태의 변화 없이 그대로 심리상의 의미적 명물화 과정으로 이루어지며, 이 과정에서 어순이 주요한 작용을 하게 된다는 것이다. 어떤 언어 유형이든 어순의 역할이란 다 중요하겠으나 중국어에서 더욱 두드러진 이유는 형태 변화의 결핍 때문이다. 그래서 이러한 특징은 한국어와 같은 격조사 언어나, 영어와 같이 주어, 동사의 일치성을 요구하는 언어와 비교했을 때 두드러지게 나타난다.

필자는 명물화의 의미는 어순에서 부여된 것으로 판단하며, 어순에서 명물화의 의미가 생성될 수 있는 것은 摹似性이란 인지적 사고에 근거하고 있다고 생각한다. 모사성이란 圖像性이라고도 하는데, 이는 우리가 어떤 사물을 이해할 때 우리의 경험적 감지에 의지하게 된다는 것으로, 각각의 언어 현상에는 형식과 내용 사이에 각각 그렇게 사유하게 되는 인과(因果)의 메커니즘 원칙이 존재한다. 실제 현실과 그에 대한 언어의 반영 형식에서는 이런 원칙이 잘 드러난다. 戴浩一(1985: 14)은 바로 이러한 원칙을 이용하여 중국어의 '時間順序性의 원칙'을 제시하였다. 즉, 문장의 구성과 사건 서술의 시간적인 순서가 대응 관계에 있다는 것이다. 이우철(2006)에서는 모사성은 그 개별 언어를 사용하는 민족의 역사, 문화, 사유와도 관계가 깊다고 보았다. 중국어의 서술성 주어에서 주어지는 명물화된 지칭 의미는 바로 이러한 역사적, 문화적 사유에 근거한다는 것이다. 어찌 보면 모사성이란 모든 언어에서 존재하는 것이기 때문에 형태 변화가 적은 중국어 서술성 주어의 명물화의 근거를 모사성에서 찾는 것은 모순일 수도 있다. 그러나 모사성이 생성되는 과정에서 그 내면에 축적되는 역사적, 민족적, 문화적 공감성을 고려하면 중국어 서술주어의 명물화에 미치는 모사성의 역할을 간과할 수 없을 것이다. 이런 이유로 필자는 서술성 주어의 명물화의 근거를 모사성에 두는 것이다. 吉田太謙(2007: 81)은 서술성 주어의 지칭화 의미의 일부를 전지(轉指) 개념으로 설명한다. 轉指 의미란 것은 "指稱性 동사구와 그 술어 사이의 의미 관계에서 推斷하여 나온 것"이다. 즉 주어인 VP와 그에 대한 진술 사이의 의미 관계에서 轉指되어 나오는 것이다. 이때 그 의미의 추단(推斷) 과정에서는 그 개별 언어를 사용하는 민족(혹은 그 언어 구역에서 생활하는 사람)의 역사, 문화 등에 기인해서 생성된 約定俗成 사유체계와 유연(有緣)적인 상관관계를 가지게 되는 것이다.

본 장에서는 중국어 서술성의 '명물화', '논항', 그리고 '모사성'에 대하여 논의하였다. 논의는 주로 인지(cognition)와 의미기능(semantic function)을 중시하는 입장에서 진행하였다. 서술성 주어와 관련해서 기존 연구는 주로 형식언어학(formalist linguistics)의 입장에서 다루어졌고, 본 장에서 논의된 내용들이 회피되는 경우가 많았다.

본 장의 논의를 통하여 다음과 같은 사실들을 알 수 있다.

1. 서술성 주어문은 어의형 언어의 유형학적 특성을 잘 반영하는 문장이다.
2. 서술성 주어는 형태 변화 없이 의미상으로 명물화가 되었다.
3. 서술성 주어는 논항으로서의 자격을 부여받는다.
4. 서술성 주어의 명물화는 어순이 부여하는 의미적 특징이다.
5. 명물화는 모사성의 원칙에 근거한다.

제3장 | 중국어 문두성분과 주어

제2장에서는 문두의 서술성 성분에 대하여 인지와 의미적 각도에서 명물화와 논항을 매개로 하여 그들의 생성 기제에 대해 논의하였다. 본 장에서는 문두에 서술적 성격의 성분이 출현하는 양상을 살펴보고, 그들의 성질에 대하여 화제와 주어의 각도에서 고찰해 보고자 한다.

1. 중국어 문두성분의 출현 양상

중국어 문두성분에서 중국어의 특성을 잘 파악할 수 있기 때문에, 중국어 연구자들은 그에 대해 많은 관심을 가지고 연구한다. 하지만 학자들의 연구 방향에 따라서 다양한 견해가 존재하고 있기 때문에, 중국어 문두성분에 대한 다양한 이견은 중국어 교육자와 학습자 모두에게 영향을 미칠 수 있다.

본 장에서는 문두성분으로 출현하는 중국어의 언어 현상들을 고찰하여 중국어의 특성을 좀 더 자세하게 이해하고, 문두성분의 성격을 어떻게 교육하는 것이 바람직할 것인가에 대해 논하고자 한다. 그래서 본 장에서 말하는 문두성분의 개념과 범위는, 원칙적으로는 문두에 위치하면서 후행 성분에 대하여 '서술 대상', '배경성 성분' 혹은 '담화상의 문맥 연결 성분'으로 기능하는 성분 모두를 지칭한다. 그러나 논문의 전개 과정에서는 논의의 주요 대상을 후속 성분에 대하여 '서술 대상'으로 기능하는 문두성분들로 제한하여 논의를 전개할 것이다. 왜냐하면, 문두성분은 전통적인 '주어', '화제'의 연구와 직접적인 관계가 있고, 교육적인 문제도 여기에서 주로 나타나기 때문이다.

논의를 진행하면서 필자는 고대중국어와 현대중국어를 구분하지 않았다. 고대중국어와 현대중국어를 이분법적 시각으로 보아서는 안 된다고 생각하기 때문이다. 실제로 현대중국어의 구사가 고대중국어의 영향에서 자유로울 수 없으며, 또한 고대중국어에 대한 이해는 현대중국어의 연구에도 매우 중요하다고 여겨진다.

인도유럽어는 주지하다시피 주어와 술어의 관계가 매우 제한적이고 엄격하다. 하지만, 중국어는 주어와 술어의 관계가 성(gender)·수(number)·시제(tense)에 있어 다른 언어에 비해 그다지 엄격하지 않다. 중국어의 이러한 구조적인 특징이 중국어에서의 주어-술어의 구조를 화제(topic)-평언(comment)의 구조로 보게 하는 큰 이유가 된다. 이 장에서는 중국어의 문두성분이 문장 구성에서 어떠한 역할을 담당하고 있는지, 또 자주 출현하는 양상으로는 어떠한 것들이 있는지를 고찰함으로써 유형학적으로 중국어와 구별되는 언어들과의 차이를 밝히고자 한다.

중국어에서의 문두성분은 구조나 의미 면에서 나머지 성분들과의 유기적인 결합을 통해 문장을 하나로 완성시키는 중요한 성분이다. 특히, 문두성분은 고립어인 중국어에서 하나의 문장을 판단하는 중요한 근거가 될 수 있다. 더군다나 표점 표시가 없는 고대중국어의 경우는 이러한 문두성분과의 구조적, 의미적 관련성에 근거하여 한 문장임을 판단하여야 하는 경우가 상당히 많다.

필자는 중국어 문두성분을 그 기능에 근거하여 세 가지로 분류하여 설명할 것이다. 문두성분이 서술 대상이 되는 '1) 서술 대상'에서는 단문의 형식이 주로 나타나고, 전체 문장에 대한 환경설정 역할을 하는 문두성분인 '2) 후속 성분에 대한 배경성 성분'과, 담화상의 문맥 연결을 해 주는 문두성분인 '3) 담화상의 문맥 연결 성분'에서는 복문의 형식이 주로 출현하고 있다. 예문에서 고대중국어의 경우에는 출처를 명기하였으나, 현대중국어의 경우에는 필자가 논의와 관련된 예문들을 수시로 수집하는 과정에서 일일이 출처를 기록하지 못하였음을 밝혀 둔다.

1) 서술 대상

문두성분이 서술 대상이 되는 경우로, 뒤에 나오는 전체 성분과 유기적인 구조를 이룬다. 서술 대상은 사건, 인물, 사물, 추상적인 사상(동양사상이 잘 반영되는 철학적인 내용 등), 행위나 동작 등이 다양하게 나타날 수 있다. 다음의 예를 보자.

三年之喪, 亦已久矣夫。〈禮記·檀弓上〉
삼년상을 지낸 지는 이미 오래되었다.

人, 有禮則安, 無禮則危。〈禮記·曲禮上〉
사람은 예가 있으면 안정이 되고, 예가 없으면 위태롭다.

古之教者, 家有塾, 黨有庠, 術有序, 國有學。〈禮記·學記〉
옛날 가르치던 곳으로, 가(25호)에는 숙이 있고, 당(5백 호)에는 상이 있고, 수(1만 2천 5백 호를 遂라고 함)에는 서가 있고, 국도에는 학이 있었다.

伯夷，目不視惡色，耳不聽惡聲。〈孟子·萬章〉
백이는 눈으로는 나쁜 색을 보지 않았고, 귀로는 나쁜 소리를 듣지 않았다.

禮，有大，有小，有顯，有微。〈禮記·禮器〉
예는 큰 것도 있고 작은 것도 있고, 드러나는 것도 있고 드러나지 않는 것도 있다.

男女，不雜坐，不同椸枷，不同巾櫛，不親授。〈禮記·曲禮上〉
남녀는 같이 앉지 않으며, 옷걸이를 같이 쓰지 않으며, 수건과 빗을 같이 쓰지 않으며, 가까이 직접 주지도 않는다.

天子諸侯宗廟之祭，春曰礿，夏曰禘，秋曰嘗，冬曰烝。〈禮記·王制〉
천자와 제후의 종묘에 대한 제사는, 봄 제사를 약이라 하고, 여름 제사를 체라 하고, 가을 제사를 상이라 하며, 겨울 제사를 증이라 한다.

去，可能沒有問題，回來，就不行了。
가는 것은 괜찮을 것이나, 오는 것은 아마 안 될 것이다.

買東西，在韓國很便宜，在新加坡很貴。
물건 사는 것은 한국은 싸지만 싱가포르는 비싸다.

土地，中國大，日本小。
땅은 중국은 크고 일본은 작다.

2) 후속 성분에 대한 배경성 성분

문두성분이 뒤에 나오는 성분들의 환경을 설정하는 배경성 성분(background component)이 되는 경우이다. 예를 들면, "禮尙往來，往而不來，非禮也，來而不往，亦非禮也。"에서 '禮尙往來'가 문두성분이고, 연이어 나오는 '往而不來，非禮也，來而不往，亦非禮也'와 직접 성분 관계를 이루게 된다. 통사 성분 분석에서는 부사어로 분석하며, 후속 성분을 통제하여 전체 문장을 이루게 한다. 이때 문두성분은 의미 구조상으로 보면 후속하여 나타나는 성분들의 부분적인 뜻을 하나로 통합하여 주는 기능을 한다. 아래에서 이러한 문두성분들이 나타내는 의미 기능에 근거하여 원인, 양보·가설, 조건, 장소, 시간 등의 배경 성분으로 그 양상을 분류하여 기술한다.

(1) 원인 표시

禮尙往來, 往而不來, 非禮也, 來而不往, 亦非禮也。〈禮記·曲禮上〉
예는 예로부터 서로 오가는 것을 숭상했으므로, 가기만 하고 오지 않으면 예가 아니요, 오기만 하고 가지 않은 것도 역시 예가 아니다.

今天校內有慶祝活動, 所以車這麽多。
오늘 학교 안에 경축 행사가 있어서, 차가 이렇게 많은 것이다.

(2) 가설 표시

父母存, 不許友以死, 不有私財。〈禮記·曲禮上〉
부모가 살아 계시면, 친구 때문에 죽어서도 안 되고, 사사로운 재물을 가져서도 안 된다.

沒人在, 你也回來吧!
아무도 없으면, 너도 돌아오너라!

(3) 조건 표시

長者與之提攜, 則兩手奉長者之手。〈禮記·曲禮上〉
웃어른의 손을 잡을 때는, 양손으로 그 사람의 손을 잡아야 한다.

只要有你在, 我什麽都不怕。
당신만 있으면, 나는 아무것도 두렵지 않아.

(4) 시간 표시

諸侯將出，類乎上帝，宜乎社，造乎禰。〈禮記·王制〉
제후가 길을 떠나려 할 때는, 상제에게 유제를 지내고, 사직에 의제를 지내고, 예묘에 조제를 지낸다.

在韓國的時候，他很愉快。
한국에 있을 때, 그는 매우 즐거웠다.

(5) 장소 표시

車上，不廣咳，不妄指。〈禮記·曲禮上〉
마차 위에서는 함부로 부르지 않으며, 함부로 손가락질하지도 않는다.

圖書館裏，學生很多，書也很多。
도서관에는 학생이 많고 책도 많다.

3) 담화상의 문맥 연결 성분

문두에 위치하여 발어사로써 말을 이끌어 주거나, 후속 성분을 통제하여 한 문장을 구성하게 하는 역할을 한다. 이러한 성분들로 고대중국어에서는 "夫, 若夫, 故, 是故" 등이 자주 보이고, 현대중국어에는 "因此, 總之, 據說" 등이 자주 보인다. 《暫擬漢語教學語法系統》(1956)에서는 이와 같은 성질의 성분들을 문장 성분으로 분석하지 않았으나, 《中學教學語法系統提要(試用)》(1984)에서는 관련성 부사어나 평언성 부사어로 분류하고 있다.

若夫，坐如屍，立如齊。〈禮記·曲禮上〉
무릇 앉아 있을 때는, 마치 주검처럼 정중하게 있고, 서 있을 때는 제계하듯이 공경스럽게 있어야 한다.

夫，明器，鬼器也，祭器，人器也。〈禮記·檀弓上〉
무릇 명기는 귀신의 그릇이요, 제기는 사람의 그릇이다.

因此，我們決定終止與他們的合作。
그래서, 우리는 그들과의 합작을 그만두기로 결정하였다.

據說，首爾是世界十大城市之一。
서울은 세계 10대 도시 중의 하나라고 한다.

總之，要前進，不要後退。
결론적으로, 전진을 해야지 후퇴해서는 안 된다.

특히 고대중국어의 관련사는 때때로 문장 가운데나 문미의 관련사와 서로 호응하여 결합함으로써 온전한 의미의 문장을 만들기도 한다. 자주 보이는 호응어로 "則, 以, 而" 등이 있다. 이들은 문두성분과 호응하여 온전한 구조를 만들어 주며, 의미상 소원하기 쉬운 성분들 사이의 관계를 더욱 긴밀하게 해 준다. 아래에서 '是故'와 '而'이 호응하는 예를 보자.

是故，言悖而出者，亦悖而入，貨悖而入者，亦悖而出。〈禮記·大學〉
이 때문에, 말이란 것은 이치에 어긋나게 하면, 역시 이치에 어긋나게 돌아오고, 재물도 잘못 들어온 것은 역시 잘못 나가게 된다.

위에서 살펴본 세 가지 종류의 문두성분들의 공통된 특징은 모두가 자신과 관계가 있는 뒤에 오는 구절과 구조적으로, 그리고 의미적으로 긴밀한 관계를 만들어 전체적으로 하나의 문장을 이루게 한다는 것이다. 이때 뒤따라오는 구절들은 보통 평행성 구조를 이루는 경우가 많다. '1) 서술 대상'의 예에서 보이는 문두성분들은 주어로서 후속 성분 전체와 직접 성분 관계를 이루고 있는데, 문두성분은 설명대상이 되고 후행하는 성분은 그 주어를 설명하거나 묘사하고 혹은 평언하기도 하면서 온전한 하나의 문장을 이루게 된다. 이때 평행 구조의 다항 술어는 문두성분의 통제하에 그를 설명하기 위한 부분성분으로, 설명하거나 묘사하거나 평언하는 것이며 이들이 모두 합쳐져서 하나가 되었을 때 비로소 온전한 의미를 표현하는 하나의 문장이 성립되는 것이다. 이에 반해 '2) 후속 성분에 대한 배경성 성분'과 '3) 담화상의 문맥 연결 성분'에서 예로 든 문두성분들은 한 문장의 범위를 넘어 문맥 연결 기능을 하고 있다. 여기에서도 첫 번째 종류의 문두성분의 경우와 마찬가지로 평행성 구조가 자주 나타난다.

문두성분이 문장을 구성하는 측면에서 살펴보면, 문장의 어순 형성은 대체로 3) ≥ 2) ≥ 1)의 순서로 나타난다. 먼저, 현대중국어의 예를 보자.

因此, 討論句首成分的時候, 我們必須從漢語的實際現象入手。
그러므로, 문두성분을 논할 때, 우리는 반드시 중국어의 실제 현상을 근거로 해야 한다.

예문에서는 '因此'가 문두에 쓰였으나, '討論句首成分的時候', '我們'도 언어 환경에 따라서는 모두 성분으로 쓰일 수 있는 것들이다. '因此'는 담화상의 문맥 연결 기능을 하고, '討論句首成分的時候'는 환경설정(시간)의 기능을 하며, '我們'은 주어의 기능을 한다. 위에 든 고대중국어의 예 또한 마찬가지이다.

是故，言悖而出者，亦悖而入，貨悖而入者，亦悖而出。〈禮記·大學〉
이 때문에, 말이란 것은 이치에 어긋나게 하면, 역시 이치에 어긋나게 돌아오고, 재물도 잘못 들어온 것은 역시 잘못 나가게 된다.

여기서의 문두성분은 "是故"이지만, "言", "貨" 역시 담화 환경에 따라 문두에서도 출현이 가능한 것들이다. "是故"는 담화상의 문맥 연결 기능을 하고 있고, "言"과 "貨"는 서술 대상인 주어 역할을 하고 있다. 위 예문에서 문두성분 두 번째 종류의 경우는 나타나지 않았다.

2. 중국어 문두성분의 성질

앞의 1절에서는 현대·고대중국어의 문두에 출현하는 성분들을 그 기능별로 분류하여 그 출현 양상들을 살펴보았다. 본 절에서는 그중 1항('서술 대상')의 유형처럼 문장에서 뒤에 나오는 설명 부분의 대상이 되는 문두성분으로 그 범위를 제한하여 그들의 성질에 대해 논의하고자 한다. 문두성분에 대한 기존의 연구가 대부분 현대중국어를 바탕으로 이루어져 왔기 때문에, 본 절에서는 현대중국어의 예를 중심으로 하여 살펴보고자 한다.

타 언어에 비하여 중국어 문두성분은 비교적 자유로운 형태로 나타나고 있다. 중국어의 문두성분은 명사성 성질, 동사성(형용사성 포함) 성질, 그리고 동사성인지 명사성인지를 분간하기 어려운 주술 구조 등의 다양한 형태로 출현한다.

1) 문두성분이 명사성인 경우

사람들은 일반적으로 관심의 대상을 문두에 오게 하는데, 중국어에서 술어 앞의 명사성 성분은 단독으로 나타나거나, 혹은 둘 이상이 올 수도 있다. 그 뒤에 오는 서술 부분은 동사나 형용사 성질의 성분이 오기도 하고 주술 구조가 오기도 한다.

家裏的事情你不用管。
집안일은 너는 신경 쓸 필요없다.

兩點鐘比賽開始。
2시에 시합이 시작된다.

比賽兩點鐘開始。
시합이 2시에 시작된다.

水稻怕旱。
벼는 가뭄이 들면 잘 안 된다.

木頭家具怕潮。
목재 가구는 습기에 약하다.

木頭家具不耐潮。
목재 가구는 습기에 오래가지 못한다.

老大娘，喝茶我們自己倒。
할머니, 차는 저희가 따를게요.

這場兩點鐘開始的籃球比賽將決定誰是冠軍。
2시에 시작하는 이 농구 시합은 우승을 결정하는 시합이다.

這場決定誰是冠軍的籃球比賽將在兩點鐘開始。
누가 우승하는지를 결정하는 이 농구 시합은 2시에 시작한다.

兩點鐘，是這場決定誰是冠軍的籃球比賽開始的時間。
2시, 누가 우승하는지를 결정하는 농구 시합이 시작되는 시각이다.

2) 문두성분이 동사성인 경우

동사, 형용사, 동목 구조, 수식 구조, 연동 구조, 형용사 구조, 동보 구조 등 다양한 형태의 동사성 문두성분이 주어로 쓰일 수 있다.

去，可能沒有問題，回來，就不行了。
가는 건 문제 없지만, 돌아오는 건 안 될 것이다.

學外語不是最終目的只是手段而已。
외국어를 배우는 것은 최종 목적이 아니라 수단일 뿐이다.

在家裏比在外面舒服多了。
집이 바깥보다 훨씬 편안하다.

慢慢吃，對身體大有好處。
천천히 먹는 것은 몸에 아주 좋다.

出去旅行，需要很多錢。
여행하는 것은 돈이 많이 필요하다.

從學校回來比從公司回來遠多了。
학교에서 돌아오는 것은 회사에서 돌아오는 것보다 훨씬 멀다.

從他那兒到您家，只要十分鐘。
그 사람네서 당신 집까지는 10분밖에 안 걸립니다.

對禮物的選擇，已經跟以前大不一樣了。
선물을 고르는 것이 이미 예전과는 아주 많이 달라졌다.

在飯店吃飯，很貴。
호텔에서 밥 먹는 것은 아주 비싸다.

在中國旅行，已經很方便了。
중국에서 여행하는 것이 이미 아주 편해졌다.

在家裏看電影，特有意思。
집에서 영화 보는 것은 굉장히 재미있다.

以殉葬，非禮也。〈禮記·檀弓下〉
순장하는 것은 예가 아니다.

尊卑垂帨。〈禮記·曲禮上〉
존귀한 쪽 비천한 쪽 모두 수건을 드리운다.

(靠住二天門的石坊，向四下裏眺望，我又是驕傲，又是擔心。) 驕傲我已經走了一半的山路，擔心自己走不了另一半的山路。
이천문의 돌기둥에 기대어 사방을 내려다보며 나는 한편으론 뿌듯함을 다른 한편으론 걱정스러움을 느꼈다.) 뿌듯하다는 것은 내가 이미 산행의 반을 걸어 왔다는 것이고, 걱정스럽다는 것은 내가 아직 반이나 남은 산길을 갈 수 있을까 하는 것이다.

乾淨最重要。
깨끗한 것이 가장 중요한 것이다.

講一遍不夠，講兩遍還差不多。
한 번의 설명으로는 아직 모자라고, 두 번은 설명을 하여야 충분하다.

위에 보이는 다양한 동사성의 문두성분들은 모두가 뒤에 오는 설명 부분의 대상이 되고 있다. 이러한 현상들은 동사성 성분은 주로 서술어 기능을 하는 다른 언어들과 비교해 볼 때 중국어의 큰 특징이라고 볼 수 있다. 이에 비하여 아래의 문두성분들은 후행 성분들의 서술 대상이 되지 않는 것들이다.

在首爾，我們住幾天?
서울에서 우리는 며칠 지낼 거야?

對客人，你好好兒想怎麼招待。
손님에게 네가 어떻게 접대할지 잘 생각해라.

對於吃飯，你們講究嗎?
밥 먹는 데, 당신들은 격식을 차립니까?

對於這個問題，市委何時能解決?
이 문제에 대해 시 위원회에서 언제쯤 해결할 수 있나요?

對你這個決定，我有意見。
너의 결정에 대해 나는 불만이 있다.

對合理營養，你們講究嗎?
합리적인 영양을 당신들은 중시합니까?

由我付今天的飯費。
내가 오늘 밥값은 낼게.

在我身旁發生了很多事情。
내 주변에서 아주 많은 일이 일어났다.

在學校發生了很多事情。
학교에서 많은 일이 일어났다.

對朋友的父母，可以叫叔叔，阿姨或伯父，伯母。
친구의 부모를 숙숙(叔叔), 아이(阿姨)나 백부(伯父), 백모(伯母)로 부를 수 있다.

이들 예문은 개사를 생략해도 모두 어법에 맞는 문장이 될 수 있다는 특징을 가지고 있다. 이 중 일부 예문에서는 개사를 생략하면 시사(施事)나 장소를 표시하게 되는데, 원래 시사 주어나 장소 주어의 경우 개사를 첨가하지 않아도 둘 다 어법에 맞는 문장을 생성할 수 있다는 특징이 있다. 위와 같은 예들은 화용론적 측면에서는 문두성분의 내용을 부각시키는 특징이 있고, 통사론적인 측면에서 보면 개사 없이 문두에 쓰인 성분은 주어가 되지만, 개사와 함께 쓰인 문두성분은 전체 문장의 환경을 설정하는 배경 성분으로서 후속 성분을 수식하는 부사어라고 분석할 수 있다.

3) 문두성분이 주술 구조인 경우

아래 예들은 서술 대상으로 문두에 쓰인 성분들이 모두 주술 구조로 된 것들이다.

我到家，星期一了。
내가 집에 도착한 것은 월요일이었다.

我來，有什麼不對?
내가 온 게, 뭐가 잘못됐니?

你來，有什麼不好?
네가 온 게, 뭐가 잘못됐니?

明天去，怎麼不行?
내일 가는 게, 어째서 안 되는데?

他說話，山東口音。
그가 말하는 것은 산둥 말씨이다.

我們改革經濟體制，九年了。
우리가 경제체제를 개혁한 것이 9년이 되었다.

我們進行經濟體制改革，九年了。
우리가 경제체제의 개혁을 진행한 것이 9년이 되었다.

誰是冠軍，將由這場兩點鐘開始的籃球比賽決定。
누가 우승하는지는, 2시에 시작되는 이 농구 시합에서 결정된다.

庶子不祭，明其宗也。〈禮記·大傳〉
서자가 제사를 지낼 수 없음은 그 종법을 밝히기 위함이다.

體不備, 君子謂之不成人。〈禮記·禮器〉

몸이 완전하지 않은 자를 군자는 미성인이라 부른다.

여기에서 보이는 문두성분들은 다른 형태의 언어와 비교해 볼 때, 앞서 언급한 두 번째 종류의 문두성분과 더불어 중국어의 특징이 매우 두드러지게 나타남을 알 수 있다. 이러한 형태의 문두성분들은 굴절어나 교착어에는 나타나지 않는 현상들이기 때문이다.

최근 중국어 문두성분과 관계된 연구 가운데, 이 성분을 주어나 화제의 관점으로 보는 논의가 가장 활발하게 진행되고 있다. 하지만 문두성분을 주어로 보든, 혹은 화제로 보든 모두 다 두 번째나 세 번째 종류의 문두성분의 예에서와 같이 문두성분이 비명사성인 예들은 이론적으로 해결하기가 쉽지 않은 대상이다. 왜냐하면 일반적으로 주어나 화제의 연구에서는 주요 연구 대상이 술어 동사를 중심으로 그 앞에 위치하는 명사성 성분들이기 때문이다.

필자는 중국어의 특징을 잘 나타내 주는 이와 같은 현상을 명물화(名物化)란 개념으로 설명해 낼 수 있다고 본다. 문두성분의 명물화란 문두에 출현한 비명사성 성분이 형태의 변화 없이 비표지로 의미상의 명물화가 된다는 것이다.

어법학계에서는 비명사성 문두성분을 품사의 활용으로 처리하여 명물화 용법이라 명명하거나 또는 중심 단어가 출현하지 않는 용법이라 칭하기도 한다. 명물화 용법은 '명물화' 또는 '명사화(名詞化)'란 용어로 불리어 왔는데, 胡裕樹·范曉(1994)는 이 두 용어를 완전히 다른 개념으로 보고 있다. 즉, '명물화'는 의미(語義) 층에서 동사나 형용사의 서술 의미가 지칭(指稱) 의미로 되는 것이고, '명사화'란 동사나 형용사가 어법 층에서 명사로 전이된 현상이라는 것이다. 한국어를 예로 들어 이 두 용어를 비교 설명하는 것이 이해에 도움이 될 것이다. 한국어에서는 비명사성 단어나 구에 명사화 표지 형태인 '-기', '-음', '것' 등을 이용하여 어법적으로 명사화시킨 이후라야 주어로의 사용이 가능한데, 이것이 바로 어법 기능상 품사가 전환된 '명사화'라 할 수 있다. 그러나 형태 변화가 적은 중국어에서는 동사성이나 주술 구조의 구에서 품사의 전이가 아예 없이 문두에 위치하여 주어가 될 수 있는데, 이것이 바로 '명물화'인 것이다.

3. 중국어 문두성분에 대한 이해

앞에서 우리는 중국어 문두성분의 출현 양상과 기능, 그리고 주어로 판단이 가능한 문두성분에 대한 성질에 대해 알아보았다. 본 절에서는 중국어 문두성분들의 설명을 위해 도입되었던 주어(subject)와 화제(topic)의 출현 배경과, 이들 현상을 교육하는 데서 나타나는 몇 가지 서로 다른 견해에 대하여 논의하고자 한다.

1) 문두성분과 주어(subject)

《馬氏文通》(1898) 이래 《暫擬漢語教學語法系統》(1956)까지 중국학자들은 중국어 연구에 주어-술어 개념만을 주로 차용하게 되고, 담화, 화용적인 측면은 거의 고려하지 않았다. 하지만, 주어-술어의 개념 역시 문장 분석 과정에서 학자들의 이론적인 배경에 따라 각각 다른 의미로 해석되고 있었다. 문장 분석에서 보이는 성분분석법(中心詞 분석법이라고도 이른다.)과 계층분석법이 그 예이다. 구조주의 문법이 성행하기 이전, 전통문법에서는 문장 성분은 단어(word)만이 될 수 있고, 구(절)는 문장 성분이 될 수 없다고 보았다. 성분분석법의 문장 분석 과정은 먼저 한 문장을 주어 부분과 술어 부분으로 나누고, 그 다음 주어 부분의 중심 단어와 술어 부분의 중심 단어를 찾는데, 이 중심 단어들이 바로 주어와 술어가 되는 것이다. '我哥哥的老師的書已經找到了。'란 문장을 예로 들어 분석해 보면, 우선 주어 부분(我哥哥的老師的書)과 술어 부분(已經找到了)으로 나뉘고 거기에서 다시 각각의 수식을 받는 중심 단어인 '書'와 '找'가 각각 주어와 술어로 분석되는 것이다. 계층분석법은 이와 달리, 직접 성분 분석법(Immediate Constituent)으로, 단어의 조합인 구(절)가 문장 성분이 될 수 있다고 본다. 이 경우, '我哥哥的老師的書已經找到了。'에서 '我哥哥的老師的書'와 '已經找到(어기조사는 분석에서 제외시킴)'가 직접 성분으로 분석되고, '我哥哥的老師的書'는 주어가 된다.

1950년대 중국어 주어·목적어 문제에 대한 논쟁에서 가장 쟁점이 되었던 것이, 중국어 연구에서 형식과 의미 중 무엇을 표준으로 삼아야 할 것인가 하는 문제였다. 湯廷池(1979)는 《主語的句法和語意功能》의 序에서 다음과 같이 언급하고 있다. "중국어 주어를 보는 시각에는 두 가지의 극단적인 경향이 있는데, 그중 하나는 주어 판단에 있어 의미 관계를 주요한 근거로 삼는 것으로 王力가 대표적이며, 다른 하나는 구조적 어순이 주어 판단의 중요한 근거가 된다는 것으로 趙元任이 대표적이다. 그 당시 논쟁의 대상이 되었던 문장은 대부분 '家裏的事情你不用管' 같은 술어 앞에 두 개 이상의 명사성 성분이 출현하는 문장들이었다. 이러한 논쟁의 결과는 《暫擬漢語教學語法系統》(1956)의 개정판인 《中學教學語法系統提要(試用)》(1984)를 통해 잘 나타난다. 광의의 형식으로 볼 수 있는 어순과 계층분석법적인 시각 등의 구조주의 이론이 많이 반영되어 구(절)의 중요성이 강조되었다. 그 결과로 '家裏的事情你不用管。', '這個道理我懂。', '他一句話都不說。' 같은 문형을 주술 술어문(개정 전에는 목적어 전치문으로 분석)으로 분석하게 되었다.

2) 문두성분과 화제(topic)

테마(theme)-레마(rheme) 개념이나 화제(topic)-평언(comment) 개념은 1970년대 들어 언어 분석이나 분류에서 중요하게 작용했다. Li and Thompson(1976)은 중국어 문장을 분석하면서 중국어를 화제-평언 관계가 두드러지는 이른바 '화제 부각형 언어(topic prominent language)'라고 하였다. 많은 학자들이 이 신유형학적 분류에 동의하게 되며, 중국어 연구에도 화제라는 개념이 주요 연구 과제로 떠오르게 되었다. 이제 보편 어법과 기능 어법에 대한 연구 성과가 많이 축적되어, 어떤 언어든 문장 구성이 테마-레마, 화제-평언, 주어-술어의 틀로 이루어진다는 것에는 의심의 여지가 없다. 다만 담화·화용론적인 틀인 테마-레마, 화제-평언 구조의 문장에서 '통사 분석을 어떻게 처리하여야 하는가?' 하는 문제에 대해서는 여전히 이견이 존재한다. 이렇게 이견이 분분한 어법 현상을 가르치거나 배우는 것은 교육자나 피교육자에게 큰 부담이 된다.

이 분야를 연구하는 학자들의 주된 고민은 담화 기능의 역할을 하면서 문두에 출현하는 성분을 통사적으로 어떻게 처리하여야 할 것인가에 있는데, 그중에서도 문두성분으로 출현하는 두 개의 명사성 성분에 대한 분석이 큰 과제였다. 朱德熙(1982: 17, 95, 96)(1985: 35~41)는 중국어에서 화제는 바로 주어라고 했다. 陸儉明(1993: 5)은 중국어 주술문의 주어-술어는 화제-평언 관계라고 하였고, 袁毓林(1996: 249)도 담화의 시발점이 되는 문두성분이 문두에서 비표지의 화제로서 주어가 된다고 하고 이를 '화제주어'로 명명하였다.

이러한 견해와는 달리 湯廷池(1979: 65~80), 王一平(1994), 高順全(1994: 76) 등은 주어와 화제를 구분할 것을 주장한다. 湯廷池(1979: 67~68)의 주장의 근거는 주어는 동사 술어와 일정한 의미의 선택적 관계가 있어야 한다는 것이다. "李小姐腰很細, 腿很長。(이 양은 허리가 가늘고 다리가 길다.)"를 예로 들면, '가늘다(細)', '길다(長)'와 의미적으로 직접관계에 있는 허리(腰)와 다리(腿)가 주어가 되고, 가늘고 긴 것과 의미상 직접관계에 있지 않는 문두성분 '李小姐'는 화제라는 것이다. 高順全(1994: 76)도 주어는 술어 동사와 의미상 밀접한 동사의 動元(argument)[5]이어야 하나, 화제는 이런 제한이 없다고 하여 이와 뜻을 같이한다.

楊成凱(1997: 258)는 "해외 학자들이 화제(topic)라는 개념으로 중국어 문장을 분석하면서 많은 논저를 발표하였으나, 이 개념은 전통적인 통사론 층위의 개념이 아니어서, 이 개념으로 전통적인 의미에서의 통사 분석을 할 수가 없고, 이로써 이중주어문의 분석 문제를 해결할 수도 없다."라고 하였다.

5 논항과 같이 'argument'란 용어를 사용하고 있지만, 미묘한 차이가 있을 수 있기 때문에 여기서는 '동원'이란 용어를 그대로 사용하기로 한다.

담화·화용론적 입장에서 화제의 성격으로 문두에 위치한 성분을 통사론적인 개념의 주어로 볼 수 있는가 하는 문제와 관련하여 국내 학자들은 크게 아래와 같은 세 가지 유형의 견해를 견지하는 것으로 보인다.

첫째, 이론의 출발점이 다른 통사론적 개념의 주어-술어 구조와 담화·화용론적 개념의 화제-평언 구조를 완전히 다른 층위의 개념으로 보고 주어와 화제는 기능이 구별되어야 한다는 경우이다. 이창호(1996) 등.

둘째, 주제어(topic)를 따로 설정하여 문장 성분을 더 늘리는 경우이다. 이병관(1988; 1999)·허성도(2005: 285, 483) 등.

셋째, 문두 화제 위치의 성분을 주어로 보고, 주술 술어문을 긍정하는 경우이다. 박영록(1991)·김태성(2000)·이우철(2004) 등.

중국어 학자들은 중국어 연구와 동시에 교육도 해야 하는 이중의 역할을 지니고 있다. 그렇다면 이와 같이 논쟁이 해결되지 않은 어법 현상에 대한 서로 다른 견해들을 교육 현장에서는 어떻게 극복할 수 있을 것인가? 물론 고등 교육에서는 단일화된 교육이 필요하지 않을 수도 있지만, 기초 교육에서는 통일된 학습 방안이 필요하리라 생각된다. 이를 위해서는 연구자들의 토론을 통한 교육 방안이 마련되어야 할 것이다. 여기에서는 다만 이에 대한 초보적인 견해를 밝힌다.

우선 가장 이상적인 방안은 서로 다른 층위의 개념을 따로 설명하는 첫 번째 견해일 것이다. 그러나 화제-평언 구조의 분석은 후속 분석에서 문제를 가지게 된다. "李小姐腰很細, 腿很長。"을 예로 들면, '李小姐'와 '腰很細, 腿很長'은 화제-평언 구조라고 분석을 하더라도, '腰很細, 腿很長'의 내부 구조는 다시 어떻게 분석할 것인가? 이에 대한 답안을 찾고자 한 것이 두 번째 견해일 수 있다. 이러한 견해는 Li and

Thompson(1981: 85~102)에서도 나타난다. 그러나 이 방안 역시 주어와 화제에 대한 명확한 개념 규정을 전제로 하여야 한다. 이 같은 전제 조건이 해결이 안 된 상태에서 화용론적인 개념의 주제어와 통사론적인 개념의 주어를 같은 층위에서 병기하게 되면, 교육자와 학습자는 새로운 문장 성분인 주제어와 주어의 성질 차이를 교육하고 학습하여야 하는데, 현재 한국에서 행해지는 중국어 교육의 현실 속에서 이는 결코 쉬운 문제가 아니다. 이런 이유로 교육자와 학습자로 하여금 용어 사용에 있어 혼동을 최소한으로 줄이는 것도 중국어 언어학자가 해결해야 할 과제라고 생각한다.

주어와 주제어의 판별에는 앞서 언급한 高順全(1994: 76)처럼 동사 앞에 두 개 이상의 명사성 성분이 올 때 동사와의 動元(argument) 관계 여부가 중요한 기준의 하나가 된다. 그러나 동원(argument) 관계만으로는 '我們三個人一組'의 '一組'처럼 술어가 명사성 성분일 때와 본 장 2절의 2항(문두성분이 동사성인 경우)과 3항(문두성분이 주술구조인 경우)에서 예시한 것처럼 문두성분이 비명사성일 때는 주제어와 주어를 판별하는 것은 쉽지 않다. 허성도(2005)에 이러한 어려움이 나타나고 있다. 허성도(2005)의 286쪽에서 '他身體很棒'의 '他'는 주제어로 분석되고 있으나, 483쪽에서는 이와 같은 유형의 예인 '他身體很好'의 '他'는 주어로 분석되고 있다. 이의 해결을 위하여서는 주술 술어문에 대한 범위 문제도 먼저 해결해야 한다. 그러나 《中學教學語法系統提要(試用)》(1984)이나 현재 중국과 한국에서 사용되고 있는 대외 한어 관련 어법서와 중국어 회화 교재에서는 '他身體很棒'과 같은 문형을 주술 술어문의 범위 안에서 다루고 있다. 특히 陸儉明(《中國語文》 1990년 합본의 89~90쪽)은 현대중국어의 주어가 문장 내에서 여러 번 내포되어 나타나는 상은 보편적인 특징이고, 주술 술어문은 고대중국어와 현대중국어에 모두 존재한다고 주장하고 있다.

필자는 위에 언급한 몇 가지 문제가 해결되기 전까지 첫 번째와 두 번째 방안은 현실적인 교육의 여건에서 적용하기가 어렵다고 보고, 拙稿(2004)에서 이미 언급하였듯이 朱德熙(1982: 95~96; 1985: 35~41)의 견해와 楊成凱(1997: 258)에 근거하여 세 번째 방안이 효과적일 것으로 본다. 즉, 담화 진행 과정에서 화자는 자신이 가장 관심을 두고 있는 것을 화제로 선택하여 사용할 것이고, 이때 화제로 쓰인 문두성분은 때에 따라서는 술어 동사와 의미 관계가 다소 소원해질 수 있으나 이 역시 통사상의 주어로 보는 것이다. 그럴 경우 중국어 주어는 한국인이 느끼기에는 주어로 인식이 어려운 것까지 매우 다양하게 될 수 있다.

3) 문장 외적 성분

위에서 고대중국어 예문을 현대중국어와 함께 예시하면서 중국어 문두성분의 기능을 살펴본 이유는 방점 표시가 없는 문장에서는 문두성분의 역할이 더욱 중요하기 때문이다. 이와 같은 특징은 아래 예문에서 잘 나타나고 있다. 본 장 2절에서 살펴본 화제의 성질을 가지는 문두성분은 모두 문장 내부의 요소들이었다. 그러나 아래에서 보이는 성분은 담화 간에 발생할 수 있는 것으로서, 주 화제는 후속되는 문장의 범위를 벗어나기 때문에 화제(주제어)와 주어를 동시에 이용하여 한 문장을 분석할 수 있는 상황과는 다르다.

(1) 禮,

有以文爲貴者。

天子龍衮，諸侯黼，大夫黻，士玄衣纁裳。天子之冕，朱綠藻十有二旒，諸侯九，上大夫七，下大夫五，士三。此以文爲貴也。

예절에는 아름답게 꾸미는 것으로 귀하게 여기는 것이 있다. 천자는 용곤을 입고, 제후는 불—백색과 흑색으로 도끼의 수를 놓은—을 입고, 대부는 발—흑색과 청색으로 활의 무늬를 수놓은—을 입고, 사는 검은 상의에 붉은 하의를 입는다. 천자의 면은 주색과 녹색의 두 가지 실로 끈을 만든 드림이 열두 가닥이 있고, 제후는 아홉 가닥, 상대부는 일곱 가닥, 하대부는 다섯 가닥, 사는 세 가닥이 있다. 이들은 모두 아름답게 장식하는 것을 귀하게 여기는 예절들이다.

有以素爲貴者。

至敬無文，父黨無容。大圭不琢，大羹不和。大路素而越席，犧尊疏布鼏樿杓。此以素爲貴也。〈禮記·禮器〉

(예절에는) 소박한 것으로 귀하게 여기는 것도 있다. 지극히 공경할 일(하늘에 제사를 지내는 일 등)에 꾸밈을 하지 않고, 아버지를 뵐 때 모습을 꾸미지 않는다. 대규는 조각하지 않으며, 대갱에는 조미료를 치지 않는다. 대로란 수레는 장식 없이 자리만을 깔 뿐이고, 희준은 거친 베의 덮개와 회양목 자루로 한다. 이들은 모두 소박한 것으로 귀하게 여기는 예절들이다.

(2) 禮,

有以多爲貴者。

天子七廟，諸侯五，大夫三，士一。天子之豆二十有六，諸公十有六，諸侯十有二，上大夫八，下大夫六。諸侯七介七牢，大夫五介五牢。天子之席五重，諸侯之席三重，大夫再重。天子崩，七月而葬，五重八翣。諸侯五月而葬，三重六翣。大夫三月而葬，再重四翣。此以多爲貴也。

有以少爲貴者。

天子無介。祭天特牲。天子適諸侯，諸侯膳以犢。諸侯相朝，灌用鬱鬯，無籩豆之薦。大夫聘禮以脯醢。天子一食，諸侯再，大夫、士三，食力無數。大路繁纓一就，次路繁纓七就。圭璋特，琥璜爵。鬼神之祭單席。諸侯視朝，大夫特，士旅之。此以少爲貴也。

有以大爲貴者。

宮室之量，器皿之度，棺槨之厚，丘封之大。此以大爲貴也。

有以小爲貴者。

宗廟之祭，貴者獻以爵，賤者獻以散，尊者擧觶，卑者擧角。五獻之尊，門外罐，門內壺，君尊瓦甒。此以小爲貴也。

有以高爲貴者。

天子之堂九尺，諸侯七尺，大夫五尺，士三尺。天子、諸侯臺門。此以高爲貴也。

有以下爲貴者。

至敬不壇，掃地而祭。天子諸侯之尊廢禁，大夫、士棜禁。此以下爲貴也。〈禮記·禮器〉

예제에는 많은 것으로써 귀하게 여기는 것이 있다. 천자는 칠묘, 제후는 오묘, 대부는 삼묘, 사는 일묘를 모신다. [식례에 사용하는] 천자의 두의 수는 스물여섯 개, 제공은 열여섯 개, 제후는 열두 개, 상대부는 여덟 개, 하대부는 여섯 개다. 제후는 칠개 칠뢰이고, 대부는 오개 오뢰이다. 천자의 자리는 오중이고, 제후의 자리는 삼중이며, 대부는 이중이다. 천자가 붕하면, 칠 개월에 장사하며, 오중 팔삽이다. 제후는 다섯 달에 장사하며, 삼중 육삽이다. 대부는 석 달에 장사하며, 사중 사삽이다. 이런 것은 많은 것을 귀하게 여긴 것이다.

적은 것으로써 귀하게 여기는 것이 있다. 천자에게는 개빈[6]이 없다. 하늘에 제사할 때에는 특생으로 한다. 천자가 제후에게 가면, 제후는 천자에게 송아지 한 마리를 찬으로 올린다. 제후가 서로 방문한 경우에는, 향례를 마친 뒤에 주군이 우량주를 잔질하여 빈에게 주며, 변두를 갖추어 대접하는 일은 없다. 대부가 출사하여 빙례를 행할 때에는 술을 잔질하여 권하고 또 포혜를 대접한다. 천자는 일식하고, 제후는 이식하며, 대부와 사는 삼식하며, 일꾼들은 수에 제한 없이 먹는다. 태로는 말의 배띠와 가슴걸이는 오색 담요로 한 번 두르고, 차로는 일곱 번 두른다. 규와 장을 올릴 때에는 다른 물건을 곁들이지 않는다. 호와 황에는 작을 더한다. 귀신의 제산에는 자리를 하나로 한다. 제후가 조현을 받을 때에는 대부는 단독으로 뵙고, 사는 여러 사람이 한꺼번에 뵙는다. 이런 일들은 적은 것을 귀하게 여긴 것이다.

큰 것을 귀하게 여기는 것이 있다. 궁실의 양과, 기명의 크기의 정도와, 관곽의 두께와,

---

6 주인이 있을 때를 '빈'이라 하고, 주인이 없을 때를 '개'라 한다. 「子由擯由左。」疏: 「在主人曰擯，在客曰介。」〈禮記·檀弓下〉

봉분의 크기이다. 이런 것은 큰 것을 귀하게 여기는 것이다.
작은 것을 귀하게 여기는 것이 있다. 종묘의 제사에서, 존귀한 자는 한 되들이 작으로 헌작하고, 비천한 자는 다섯 되들이 산으로 헌작한다. 존귀한 자는 석 되들이 치를 드리고, 비천한 자는 넉 되들이 각을 준다. 오헌의 두루미는 문 밖에는 부, 문 안에는 호이며, 군의 술두루미는 와부이다. 이런 것은 모두 작은 것을 귀하게 여기는 것이다.
높은 것을 귀하게 여기는 것이 있다. 천자의 마루는 높이가 구 척이고, 제후는 칠 척이며, 대부는 오 척이고, 사는 삼 척이다. 천자와 제후는 대문을 축조한다. 이런 것들은 높은 것을 귀하게 여기는 것이다.
아래를 귀하에 여기는 것이 있다. 지극히 존경하는 제사에는 제단을 만들지 않고, 땅을 쓸기만 하고서 제사한다. 천자와 제후는 술그릇 받침인 금을 사용하지 않고, 대부와 사의 받침에는 여와 금을 사용하여 밑을 받친다. 이것은 아래를 귀하게 여기는 것이다.

(3) 人生,

十年曰幼, 學。

二十曰弱, 冠。

三十曰壯, 有室。

四十曰強, 而仕。

五十曰艾, 服官政。

六十曰耆, 指使。

七十曰老, 而傳。

八十、九十曰耄。

七年曰悼。

悼與耄, 雖有罪不加刑焉。

百年曰期, 頤。 〈禮記・曲禮上〉

사람이 나서 십 세가 되면 '유'라고 부르고 배운다. 스무 살이 되면 '약'이라고 부르고 관례를 한다. 삼십 세가 되면 '장'이라 부르고 가정을 가진다. 사십 세가 되면 '강'이라 부르고 처음으로 벼슬을 한다. 오십 세가 되면 '애'라고 부르고 관정에서 업무를 한다. 육십 세가 되면 '기'라고 부르고, 지시하여 시킨다. 칠십 세가 되면 '노'라고 부르고, (일들을 후세에) 전해준다. 팔십·구십 세가 되면 '모'라고 부르고, 일곱 살을 '도'라고 부른다. '도'와 '모'는 비록 죄가 있더라도 형벌을 가하지 않는다. 백세를 '기'라고 부르고, 봉양하여 모신다.

예문 (1), (2)는 모두가 문두성분 '禮'에 대하여 설명하고 있고, (3)은 '人生'에 대하여 설명하고 있다. 양세욱(2002: 316)은 화제의 성질을 '담화의 시작점(departure of a discourse)', '대하여성(aboutness)', '문두의 위치(sentence-initial position)', '한정성(definiteness)', '총칭성(genericness)', '구정보(old information)', '기존성(givenness)'이라고 정리하였다. 예문 (1), (2), (3)은 이러한 화제의 성질을 잘 보여 주고 있다.

우선 예문 (1)을 가지고 분석하여 보자. 예문 (2)는 구조상 이를 통하여 유추가 가능할 것이다. (1)의 '禮'는 분명히 담화·화용론적인 요소이다. 이를 통사 분석으로는 어떻게 하여야 할 것인가? '禮'를 화제로 분석하면 '有以素爲貴者'로 시작되는 두 번째 단락의 경우는 화제가 생략된 것으로 통사 분석하여야 할 것이다. 그러나 담화상 한 화제에 기초한 여러 방향의 평언은 가능해도, 이를 통사 분석하면서 화제가 생략되었다고 분석하는 것은 쉽게 이해가 되지 않는다. 만약 교육적인 측면에서 통사 분석이 필요하다면 '禮'를 주어(2장 2절에서 언급된 다양한 의미의 주어)로 분석하는 것은 가능할 것이다.

예문 (3)의 경우는 어떠한가? (3)의 '人生'은 분명히 담화·화용론적인 요소이다. 이 또한 통사 분석으로는 어떻게 하여야 할 것인가? '人生'을 화제로 분석하면, "二十曰弱, 冠。(스무 살이 된 사람을 약이라 하고, 관하여야 한다.)"이란 두 번째 문장에서는 화제가 생략된 문장으로 분석을 하여야 할 것인가? 현대중국어 분석에서 보이는 동사 술어(예문의 경우, '曰', '冠')와의 동원 관계라는 이론적인 원칙만으로는 '二十'을 주어인지 화제인지 판단하는 자체가 쉽지 않다. 왜냐하면, 의미상 '二十'과 '曰'과 '冠'에서, '二十'은 '冠'과는 동원(argument) 관계에 있으나 '曰'('曰'의 동원은 문장에서 출현하지 않는 제3자가 되어야 할 것이다.)과는 동원 관계가 아니기 때문이다. 만약 교육적인 측면에서 통사 분석이 필요하다면 다음과 같이 할 수 있다. 예문 (2)의 첫 문장 "人生, 十年曰幼, 學。(인생[사람이 태어나서] 열 살이 됐을 때를 유(幼)라 하고, 이때는 배움에 힘써야 한다.)"은 '十年曰幼, 學'이 주술 술어로 쓰인 주술 술어문이다. 두 번째 문장 "二十曰弱, 冠。"은 '曰弱, 冠'이 병렬 구조의 술어를 담당하는 주술문이다.

본 장에서 문두성분의 역할이 더욱 중요하다는 말은, 예문 (1), (2), (3)에서 '禮'와 '人生'이 전체 단락과 단락을 구성하는 문장들을 의미적으로 통제하고 있다는 것을 뜻한다. 예문 (1)을 예로 설명하면, '禮'는 전체 단락의 내용을 의미적으로 통제한다. '禮'란 의미상의 통제하에, "禮有以文爲貴者。"를 한 문장으로 나누게 되고, 후속하여 나타나는 "天子七廟, 諸侯五, 大夫三, 士一。"와 "天子之冕, 朱綠藻十有二旒, 諸侯九, 上大夫七, 下大夫五, 士三。"을 평행성 구조의 병렬 관계로 이루어진 각각의 한 독립된 문장으로, "此以文爲貴也。"를 역시 한 문장으로 분석하게 된다. 두 번째 단락 역시 '禮'란 전체적인 의미의 통제하에, 첫째 단락의 첫 문장인 "禮有以文爲貴者。"와 의미상 대조를 이루는 "有以素爲貴者。"를 화제로 쓰인 주어(禮)가 생략된 한 문장으로, "至敬無文, 父黨無容。", "大圭不琢, 大羹不和。"를 평행성 구조의 병렬 관계로 된 두 개의 문장으로, "大路素而越席, 犧尊疏布鼏樿杓。"과 "此以素爲貴也。"를 각각 한 문장으로 분석하게 된다.

본 장 3절의 1항(문두성분과 주어)에서 담화·화용적인 측면이 거의 고려되지 않는 상황에서는 "這個道理我懂。" 같은 문형을 주술 술어문으로 분석하였다. 그러나 2)에서 담화·화용적인 측면을 통사 분석에 적용하면서는 이 문형을 주제어-주어-술어 혹은 주술 술어문으로 분석하였다. 그러나 화제(topic)로 쓰인 성분을 주제어로 분석하기 위해서는 우선 주어와 주제어에 대한 개념과 성질 차이가 명백히 설명되어야 한다. 그러지 않고서는 주술 술어문이란 문장 형식을 인정하는 것과 모순 관계에 빠지는 것을 피할 수 없다. '주제어-주어-술어'식의 분석은 한 문장의 문두에 두 개의 명사성 성분이 출현했을 때, 두 개의 성분 가운데 동사 술어와의 동원(argument) 관계가 주제어와 주어를 규정하는 중요한 근거의 하나가 되었다. 그러나 예문 (3)에서 보이듯, 이러한 근거로 주제어와 주어를 규정하는 데는 한계가 있음을 알 수 있다.

필자는 교육적인 측면에서 서술 대상이 되는 문두성분(화제로 쓰인 성분 포함)을 주어로 분석하는 것이 가능할 것이라고 하였으나, 이 또한 이론 언어학의 발전을 잘 반영하는 것과는 거리가 있다. 결국, 이는 국내의 중국어 교육과 직결되는 문제로서 교학 문법의 차원에서 토론을 거쳐 해결해야 할 과제가 되었다.

이상으로 중국어에서 주어와 술어의 관계가 성, 수, 시제에 있어 다른 언어에 비해 그다지 엄격하지 않기 때문에 나타나는 현상들 중에서 문두성분을 가지고 그 특징을 고찰하였다.

중국어에서 문두에 나타나는 성분들은 서술 부분의 서술 대상이나 담화 배경, 그리고 담화 문맥을 연결하는 작용을 하면서 전체를 하나의 문장으로 판단하게 하는 중요한 기능을 한다. 이러한 문두성분은 명사성, 형용사성, 동사성, 그리고 동사성인지 명사성인지를 분간하기 어려운 주술 구조 등 다양한 형태로 자유롭게 나타나게 되는데, 이는 유형학적으로 중국어와 구별되는 언어들에서는 일반적이지 않는 현상이다. 국내외의 선행 연구들은 이러한 문두성분의 통사적 분석에 있어서 서로 다른 견해를 나타냈다. 견해의 주된 차이는 문장 분석에 있어서, 담화·화용론적인 층위의 용어와 전통적인 통사론 층위의 용어를 혼용하여 분석하는 데 있었다.

본 장에서는 교육적인 측면에서 화제와 주어의 성질에 대한 연구자들의 통일된 의견이 필요하다고 보고, 한국에서의 중국어 교육 현실을 감안하여 서술 부분에 대하여 서술 대상이 되는 문두성분을 전통적인 통사론 층위의 용어인 주어로 분석하자는 견해를 제시하였다. 그러나 문제의 성격상 그 해결 방법은 특정 연구자의 연구 성과에서 찾을 것이 아니라 광범한 논의와 토론을 통한 연구자들의 공통된 의견을 도출하는 데서 찾는 것이 타당할 것이다.

제4장 | 고문헌에 대한 문장 분할 원칙

고문헌에 나오는 중국어에는 방점이 없다. 따라서 그 내용을 문장 단위로 분할하기 위해서는 우선 현대중국어에서 사용하는 표점 부호를 이용하여 문장 단위로 분할하는 작업이 선행되어야 한다. 그러기 위해서는 고문헌에 대한 문장 분할 원칙과 표준이 정해져야 한다. 본 장에서는 《禮記》를 가지고 이 문제에 대해 탐구하고자 한다.

《禮記》는 예에 대한 논의들을 모아 놓은 專書이다. 따라서 《禮記》를 가지고 어법을 논하는 것은 專書 어법이나 專題 어법의 범위에 속한다. 專書 어법 연구의 특징은 문맥이 이미 정해진 언어 환경을 가지고 있다는 점이다. 이러한 언어 환경에 대한 이해는 해당 언어 현상들의 의미 확정에 도움을 줄 수 있다. 본 장에서는 왕녕(王寧)의 내용 분류 체계에 근거하여 《禮記》를 내용에 따라 세 부분[7]으로 나누고, 또 내용별로 16편[8]을 선택하여 그에 대한 문장 분석을 진행하였다.

---

7 그 세 가지의 구체적인 내용은 '예에 대한 이론', '예에 대한 제도', '예에 대한 고사'이다.

8 그 16편으로 '예에 대한 이론'에 〈大傳〉, 〈禮運〉, 〈禮器〉 〈學記〉, 〈中庸〉, 〈大學〉 등 6편이 있고, '예에 대한 제도'에 〈曲禮上〉, 〈曲禮下〉, 〈王制〉, 〈深衣〉, 〈投壺〉, 〈昏義〉, 〈燕義〉, 〈喪服四製〉 등 8편이 있으며, '예에 대한 고사'에 〈檀弓上〉, 〈檀弓下〉 등 2편이 있다.

어법의 응용이란 각도로 보았을 때, 專書의 어법을 연구하는 목적 중에서 가장 중요한 이유를 들라면 아마도 글쓴이가 글을 쓴 의도를 파악하는 데 도움을 주고자 하는 것이라 할 수 있다. 그 때문에 자연히 언어 환경을 포함한 화용론적인 측면이 중시되게 된다. 《禮記》는 하나의 專書이기 때문에, 그 언어라는 것은 이미 구체적인 언어 환경과 결합한 언어의 계통이다. 즉, 《禮記》의 언어라는 것은 일반언어학에서 얘기하는 언어의 개념과는 일치하는 것이 아니라는 것이다. 일반적으로 언어는 부호(符號) 체계라고 하며, 여기서 말하는 부호라는 것은 어떤 구체적인 의미도 띠지 않는 말 그대로의 부호를 뜻한다. 그러나 《禮記》 중에 쓰인 부호는 그렇지가 않다. 그 언어는 《禮記》를 구성하는 핵심 요소이며, 또 구체적인 언어 환경 아래에서 구체적인 의미를 표시하고 있다. 그 내용은 언어가 놓인 구체적인 환경에 따라 뜻이 달라진다. 이러한 언어 현상을 동태적 현상이라고 표현할 수 있다.

《禮記》를 어법 연구의 소재로 택한 데는 다음과 같은 이유가 있다. 우선 내용적인 면에서 보면, 《禮記》는 '禮'에 관한 논문집이기 때문에 그 내용이 매우 풍부하고 복잡하다. 예의 제도(禮制)에 대한 내용에는 예제의 출현과 변천의 역사, 그리고 예에 대한 논문 유형의 내용을 모두 포함하고 있다. 복잡한 내용은 또 복잡한 언어 표현 형식을 낳았다. 이렇게 다양한 언어 형식은 어법 연구에 아주 좋은 자료가 될 수 있다. 지금까지 현존하는 연구에는 《禮記》란 專書에 대하여 체계적으로 또 전면적으로 연구된 바가 없다. 단지 부분적인 연구 성과가 몇 가지 있을 뿐이다.

1. 고문헌에 대한 문장 분할의 필요성

문장에 대한 분석은 문장이 우선 존재하는 경우가 일반적이라 할 수 있다. 그런데 고문헌에는 신식의 표점 부호가 없다. 따라서 고문헌의 문장을 연구하고 분석하기 위해서는 문장 분할 작업이 우선 선행되어야 한다. 고문헌에 대한 문장 분할 작업을 하기 위해서는 글쓴이가 글을 쓴 의도와 어법 특징에 근거하여 어디서 어디까지를 하나의 문장으로 보아야 하는가 하는 것부터 알아보아야 한다. 즉 분할 표준이 필요하다는 뜻이다. 분할 표준이 없이는 연구자마다 문장에 대한 분할이 달라질 수가 있다. 중국어 문장은 무형태 언어라는 특징 때문에 어법의 형식 표지가 많이 없다. 따라서 많은 현대중국어 어법 학자들은 '휴지'와 같은 음성학적 각도와 의미에 근거하여 문장에 대한 정의를 내리고 있다. 陸儉明(1993)에 의하면, 趙元任이나 朱德熙 등은 기본적으로 음성적인 특징에 입각하여 다음과 같이 문장에 대한 정의를 내린다. "문장이란 그 앞과 뒤에 큰 휴지가 있고, 일정한 억양을 가지며, 비교적 온전한 의미를 전달하는 언어 형식이다." 그러나 이러한 음성학적 기준에 따른 문장 정의는 현대중국어의 구어 표현에는 적용이 가능하지만, 아직 분할이 안 된 고문헌 속의 문장을 대상으로 해서는 적용 가능성이 약하다. 바꾸어 말하면 아직 표점이 없는 고문헌에 나타난 문장을 분할하는 데 정의에 근거하는 것은 한계가 있다는 것이다.

1) 전통 句讀과 문장

문장은 언어의 기본 운용 단위이며, 또한 통사 연구의 기본 단위이기도 하다. 고대중국어를 포함한 중국어 연구에서는 일반적으로 논리적인 의미와 구조의 결합에 근거하여, 단독적으로 운용이 가능하고 일정한 정보를 전달할 수 있으면, 길고 짧음을 불문하고 모두 한 개의 문장으로 본다. 문장은 단문과 복문으로 크게 양분하는데, 단문은 한 개의 구조 중심을 가지고, 복문은 적어도 다른 문장 성분에 내포되지 않는 독립된 두 개 이상의 구조 중심을 가진다. 복문은 단문 형식으로 이루어지고 복문을 구성하는 단문 형식은 절(分句)이라고 부른다. 그러나 이는 문장에 대한 현대적인 개념을 적용한 분류이다.

고대중국어 연구자들은 전통적으로 현대중국어 연구자들이 사용하는 문장에 대한 정의에 상당하는 개념으로 句讀이라는 용어를 사용하였다. 이 전통 학문 분야를 전통 句讀學이라고도 한다. 《馬氏文通》에는 句讀에 대하여 다음과 같이 언급되어 있다. "주어와 술어로 이루어지고 의미가 완전한 것을 구(句)라 하고, 주어와 술어로 이루어졌으나 의미가 불완전한 것을 독(讀)이라고 한다." 《馬氏文通》의 정의에서 '句'는 지금의 문장과 개념이 유사하고, '讀'은 지금의 '절(分句)'과 그 개념이 유사하다. 그러나 그 개념들이 완전히 서로 일치하는 것은 아니다. 그에 대하여 呂叔湘(1980)은 전통적으로 얘기하는 '句'와 현재의 '문장'과의 차이점에 대해 다음과 같이 구분하고 있다. "'句'의 길이는 일정한 범위가 있는 것에 반해, '문장'은 장단에 제한이 없다." 呂叔湘(1978)에서도 '句讀'의 개념과 관련된 언급을 하였다. 그는 "구독은 이미 오늘날의 '문장' 개념을 포함하고 있지만, 지금의 '문장'으로 '句'를 대체하기에는, '문장'이 '句'보다 크다."라고 했다. 呂叔湘(1980)의 견해는 다음 예문을 통하여 더욱 구체적으로 드러난다.

君子食無求飽, 居無求安, 敏於事而愼於言, 就有道而正焉, 可謂好學也已。〈論語〉
군자가 먹음에 배부름을 구하지 않고, 거처함에 편함을 구하지 않고, 일에 민첩하고 말을 함에 근신하고, 도 있는 이에게 나아가서 바르게 한다면, (그가) 학문을 좋아한다고 이를 만하다.

위 예에 대하여 그는 "예전 같으면 다섯 개의 '句'라고 하겠으나, 지금은 하나의 '문장'으로 본다."라고 하였다.

결국 이들 논의에서는 중국의 전통적 개념인 '句讀'이 지칭하는 범주보다 현대적 개념인 '문장'이 더 크다고 볼 수 있겠다.

2) 고문헌에 대한 문장 분할 표준

專書의 문장을 분할하는 것은 문맥과 같은 구체적인 언어 환경 아래에서라야 가능하다. 그렇기 때문에 문장의 분할 표준도 역시 《禮記》 자체가 가지는 언어 특성의 기초 위에서 정하여야 한다. 문장을 나누는 표준으로는 의미 표준, 구조 표준, 그리고 의미와 구조를 같이 중시하는 표준 등 세 종류로 크게 나누어 볼 수 있다. 본 장에서는 《禮記》의 문장이 專書 언어란 특징에 근거하여, 의미와 구조를 같이 중시하는 표준을 정하고자 하였다. 이와 같은 표준은 다른 고문헌의 句讀 연구에도 그대로 적용할 수 있으리라고 생각한다. 고문헌 문장 분할의 표준은 다음의 7가지이다.

1. 분할 대상이 주술 구조를 이루면서 비교적 온전한 뜻을 전달하고 있는가이다. 만약 이 조건을 만족하면 이는 하나의 문장이 된다. 이러한 표준은 《禮記》에서 가장 높은 비중을 차지하고 있는 주술문에 대한 분

할을 해결할 수 있다. 주술문은 단항주어와 다항술어로 결합한 주술문과 다항주어와 단항술어로 결합한 주술문, 그리고 주술 술어문을 포함한다. 예를 들면 아래와 같다.

爲人子者: 居不主奧, 坐不中席, 行不中道, 立不中門, 食饗不爲槪, 祭祀不爲尸, 聽於無聲, 視於無形, 不登高, 不臨深, 不苟訾, 不苟笑。〈禮記·曲禮上〉
남의 아들 된 자는 실의 서남우에 거처하지 않으며, 자리의 한복판에 앉지 않으며, 길 한복판으로 다니지 아니하며, 중문에 서지 아니한다. 음식 대접과 제수 준비에는 물자의 수량을 이리 한정하지 않으며, 제사 때에는 시동씨가 되지 아니한다. 부모가 말씀하기 전에 소리 없는 곳에서 듣고 형체 없는 곳에서 본다. 높은 곳에 오르지 않고, 깊은 곳에 가지 않으며, 구차하게 남을 헐뜯지 않으며, 남을 우습게 보지 아니한다.

諸侯: 方祀, 祭山川, 祭五祀, 歲遍。〈禮記·曲禮下〉
제후는 방사를 지내고, 산천을 제사하며, 오사를 지내되 해마다 고루 한다.

帶, 下毋厭髀, 上毋厭脇, 當無骨者。〈禮記·深衣〉
띠는 아래로 배꼽을 덮지 않게 하고, 위로 겨드랑이를 감추지 않게 하며, 뼈가 없는 데 닿도록 한다.

夫爲人子者: 出必告, 反必麵, 所遊必有常, 所習必有業, 恆言不稱老。〈禮記·曲禮上〉
남의 아들 된 사람은 집을 나갈 때는 반드시 가는 곳을 아뢰고, 돌아와서는 반드시 부모에게 얼굴을 보인다. 노는 데는 반드시 일정한 곳이 있고, 배우는 것은 반드시 일정한 과업이 있으며, 평상시의 언어에 자신을 늙은이라고 일컫지 아니한다.

凡爲人子之禮: 冬溫而夏淸, 昏定而晨省, 在醜夷不爭。〈禮記·曲禮上〉
무릇 아들 된 자가 지켜야 할 예의는, 겨울에는 부모를 따뜻하게 해 드리고, 여름에는 서늘하게 해 드리며, 저녁에는 부모의 잠자리를 정해 드리고, 새벽에는 아침 문안을 드린다. 추이와는 다투지 아니한다.

2. 분할 대상이 부사어와 중심어의 '狀中' 관계의 수식 구조이면서 비교적 완전한 뜻을 전달하고 있는가이다. 만약 이 조건을 만족하면 이

는 하나의 문장이 된다. 이 표준으로는 시공간적 배경을 표시하는 성분이 문두에 있으면서 그 후속 부분과 직접 성분 관계를 가지는 구조를 분할해 낼 수 있다. 다음과 같은 예를 들 수 있다.

侍坐於君子, 君子問更端, 則起而對。〈禮記 · 曲禮上〉
군자를 모시고 앉았을 때에, 군자가 다른 것에 대해 고쳐 물으면 일어서서 대답해야 한다.

尊客之前, 不叱狗。〈禮記 · 曲禮上〉
귀한 손님 앞에서 개를 꾸짖지 않는다.

廟中, 不諱。〈禮記 · 曲禮上〉
사당 안에서는 휘하지 않는다.

父前, 子名。〈禮記 · 曲禮上〉
아버지 앞에서 아들은 이름을 말한다.

立: 必正方, 不傾聽。〈禮記 · 曲禮上〉
서 있을 때는 반드시 바르게 하며, 머리를 기울여 듣지 않는다.

3. 일정한 언어 환경에 놓인 단독단어(獨詞語)가 비교적 온전한 뜻을 전달하고 있는가이다. 만약 이 조건을 만족하면 이는 하나의 문장이 된다. 이 표준으로 주어가 없는 무주문(無主句)이나 단독단어문(獨詞句)과 같은 비주술문(非主謂句) 현상을 해결할 수 있다. 아래와 같은 예를 들 수 있다.

(子春曰) 止! 〈禮記 · 檀弓上〉
자춘이 "그쳐라."라고 말하였다.

(主人曰) 臨。〈禮記 · 檀弓上〉
주인은 "와 주셔서 고맙습니다."라고 말한다.

善夫! 〈禮記·檀弓下〉
잘하는구나!

(夫子曰) 嘻! (其甚也。) 〈禮記·檀弓上〉
공자는 "아! (지나치구나.)"라고 말씀하셨다.

(孔子不應。) 三。〈禮記·檀弓上〉
공자가 불응하자, 문인이 아뢰기를 세 차례나 거듭하였다.

4. 문두에 있는 관련 부사나 발어사가 그 뒤에 오는 '則, 以, 而, 如' 등과 같은 형식 표지 성분과 조합해서 그 구조의 성분들 간의 관계가 약해지는 것을 피하게 하면서 전체 구조로 하여금 하나의 온전한 유기체를 구성하고 있는지이다. 이러한 표준은 아래와 같은 구조를 하나의 문장으로 분할할 수 있게 한다.

是故, 婦順備而後內和理, 內和理而後家可長久也。〈禮記·昏義〉
이런 까닭으로 부순(婦順)이 갖추어진 뒤에라야 안으로 화목하게 다스려지고, 안으로 화목하게 다스려진 뒤에라야 집안이 장구하게 유지되는 것이다.

是故, 衣足以飾身, 棺週於衣, 槨週於棺, 土週於槨。〈禮記·檀弓上〉
그러므로 옷은 몸을 꾸미는 데 넉넉하게 하고, 관에 옷을 넣으며, 곽에 관을 넣고, 곽은 흙 속에 묻는 것이다.

是故, 言, 悖而出者, 亦悖而入·貨, 悖而入者, 亦悖而出。〈禮記·大學〉
그러므로 이치에 어긋난 말을 하면, 이치에 어긋난 앙갚음을 당할 것이다. 이치에 어긋난 재물을 취하면, 이치에 어긋나게 잃을 것이다.

是故, 日食則天子素服而脩六官之職, 蕩天下之陽事·月食則後素服而脩六宮之職, 蕩天下之陰事。〈禮記·昏義〉
그래서 일식이 생기면 곧 천자는 소복으로 육관의 직을 다스려 천하의 양사를 쓸어 없애고, 월식이 생기면 곧 후는 소복하고 육궁의 직을 다스려 천하의 음사를 쓸어 없앤다.

若夫[9]，坐如尸，立如齊。〈禮記·曲禮上〉
앉는 것은 시동처럼 하고, 서는 것은 재계 중인 때처럼 엄정히 한다.

5. 복문 중의 관련 어휘 "夫~故~", "則" 등 역시 전체 구조를 하나의 완전체로 묶어 주는 기능을 한다. 이는 다음과 같은 구조를 문장으로 결정할 수 있게 한다.

我死，則擇不食之地而葬我焉。〈禮記·檀弓上〉
내가 죽거든 경작할 수 없는 땅을 골라서 나를 매장토록 하라.

夫唯禽獸無禮，故父子聚麀。〈禮記·曲禮上〉
무릇 금수에게는 예절이 없다. 그런 고로 부자 간에 암컷을 같이 취하는 것이다.

夫爲人子者，三賜不及車馬，故州閭鄉黨稱其孝也，兄弟親戚稱其慈也，僚友稱其弟也，執友稱其仁也，交遊稱其信也。〈禮記·曲禮上〉
무릇 사람의 아들 된 자는 세 번 상을 받음에 이르러도 마차는 받지 아니한다. 그렇게 함으로써 지방(주·려·향·당)에 있는 사람들이 그 효를 칭찬하고, 형제·친척들은 그의 자애를 칭찬하고, 동료들은 그의 공경을 칭찬하고, 뜻을 같이하는 친구들은 그의 어짊을 칭찬하고, 그와 널리 교유하는 사람들은 그의 신용을 칭찬하게 된다.

6. 문두에 위치한 주술 구조가 그 후속 부분과 직접 성분을 이루고 있지 않은가이다. 이 표준은 아래와 같은 구조를 문장으로 판단할 수 있게 하여 준다.

吾聞之也：生有益於人，死不害於人。〈禮記·檀弓上〉
내가 들으니, 살아서는 남에게 유익함이 주고, 죽어서는 남에게 해를 주지 않아야 한다.

---

9 '若夫'를 '장부의 예를 행하려면'으로 해석하기도 하지만, 불필요하다는 설이 많다. 王寧의 《評析本白話十三經》을 참조하여 번역치 않음.

且臣聞之, 哭有二道: 有愛而哭之, 有畏而哭之。〈禮記·檀弓上〉

또 신은 들으니, 곡하는 것에도 두 가지가 있다고 한다. 사랑하기 때문에 그를 곡하고, 두려워하기 때문에 그를 곡한다.

昔者先王未有宮室: 冬則居營窟, 夏則居橧巢。〈禮記·禮運〉

옛날에 선왕들은 아직 집이 없었을 때에, 겨울에는 동굴에서 살고, 여름에는 나뭇가지를 모아서 만든 보금자리 위에 살았다.

餕餘不祭: 父不祭子, 夫不祭妻。〈禮記·曲禮上〉

제사 퇴물로는 제사를 지내지 않는다. 아버지에게 썼던 것으로 아들을 제사하지 않고, 남편에게 제사했던 것으로 아내를 제사하지 않는다.

昔者吾先君子無所失道: 道隆則從而隆, 道汚則從而汚。〈禮記·曲禮上〉

옛날 나의 선군자께서는 실도하는 일이 없었다. 도에 비추어 보아서 높여야 할 것이면 따라서 높이고, 도에 비추어 모아서 강쇄해야 할 것이면 강쇄하였다.

7. 다항 절(分句)로 된 단락의 전과 후에 비록 주어나 부사어 혹은 주술절, 관련 부사, 문말 어기사 같은 분할의 원칙에 관여하는 성분은 없다. 하지만 그들 전체가 하나의 온전한 유기체를 이루고 나서야 비로소 온전한 뜻을 표현할 수 있는데, 과연 그렇게 되고 있는지 혹은 그렇지 않는지에 따라 문장의 성립 요건을 갖추고 있는지 여부를 판단할 수 있다. 이 표준으로는 아래와 같은 문장들을 분할할 수 있다.

敖不可長, 慾不可從, 誌不可滿, 樂不可極。〈禮記·曲禮上〉

거만한 마음은 자라게 해서는 안 되고, 욕심은 방종하게 해서는 안 되고, 뜻은 가득 차게 해서는 안 되며, 즐거움은 극도로 누려서는 안 된다.

曾子襲裘而弔, 子游裼裘而弔。〈禮記·檀弓上〉

증자는 습구 차림으로 조상하고 조상하였고, 자유는 석구 차림으로 조상하였다.

喪事慾其縱縱爾, 吉事慾其折折爾。〈禮記·檀弓上〉

상사에는 총총히 일을 빨리 처리하려고 하고, 길사에는 천천히 조용하게 하고자 한다.

外言不入於梱，內言不出於梱。〈禮記 · 曲禮上〉
밖의 말이 문지방 안으로 들어가지 않으며, 안의 말이 문지방 밖으로 나가지 않아야 한다.

貧者不以貨財爲禮，老者不以筋力爲禮。〈禮記 · 曲禮上〉
가난한 이는 재물로써 예를 행하지 않고, 늙은이는 근력으로써 예를 행하지 않는다.

이상과 같이 《禮記》의 실제 코퍼스(語料)에 근거하여 7가지의 문장 분할 표준을 정하였다. 이들 표준은 고문헌 《禮記》의 내용을 문장 단위로 분할하는 기본 원칙이다.

3) 《禮記》 문장에 대한 분할 및 분석

필자는 위 7가지 분할 원칙에 근거하여 《禮記》 중의 33편의 내용을 대상으로 문장 분할을 하였다. 분할 결과로 3,374개의 문장을 얻었다. 그들을 다시 구조적 특징에 의거하여 분류한 결과, 단문이 비중이 67%가 넘었고, 복문의 비중이 32%가 넘었다. 단문 중에서는 또 주술문이 88%, 비주술문이 12%나 되었다.

(1) 주술문으로 된 단문

주술문을 술어의 유형에 근거하여 동사 술어문, 형용사 술어문, 명사 술어문, 주술 술어문과 복문 형식의 술어문 등의 다섯 가지로 분류하고, 그 면면을 살펴보기로 한다.

① 동사 술어문

동사 술어문은 전체 주술문의 62% 정도가 되었다. 출현 양상에 근거하여 아래와 같이 세 종류로 분류할 수 있다.

ㄱ. 단항의 주어와 복문 형식으로 된 다항 술어들이 직접 성분으로 결합한 경우

諸侯之下士, 視上農夫, 祿足以代其耕也。〈禮記·王制〉
제후의 하사는 상농부에 비등하므로 그의 녹이 상농부에 대신할 만하다.

王者之製祿爵, 公、侯、伯、子、男, 凡五等。〈禮記·王制〉
왕자의 제도의 녹작은 공, 후, 백, 자, 남 등으로 무릇 5등급이다.

諸侯之, 上大夫卿、下大夫、上士、中士、下士, 凡五等。〈禮記·王制〉
제후에게는 상대부, 즉 경과 하대부, 상사, 중사, 하사 등의 모두 5등급으로 되어 있다.

첫째 예문의 경우 '단일 주어+술어 1+술어 2(주술 구조로 됨)'의 형식을 취하고 있고, 둘째와 셋째 예문의 경우 '단일 주어+술어 1(명사의 병렬식으로 됨)+술어 2'의 형식을 취하고 있다.

ㄴ. 복문 형식으로 된 다항의 주어와 단일 술어가 직접 성분으로 결합한 경우

長者問, 不辭讓而對, 非禮也。〈禮記·曲禮上〉
어른이 물었을 때 사양하지 않고 대답하는 것은 예에 부합되는 바가 아니다.

壻執雁入, 揖讓升堂, 再拜奠雁, 蓋親受之於父母也。〈禮記·昏義〉
사위가 기러기를 안고 들어서서 재배하고 기러기를 전하는 것은 친히 부모로부터 신부를 건네받는다는 뜻을 나타내고자 하는 것이다.

첫째 예문의 경우, 조건을 표시하는 복문이 주어를 담당한다. 둘째 예문의 경우, 하나의 주어 아래 여러 개의 술어를 가진 '單主多謂'형의 문장 형태가 주어로서 단항의 술어와 직접 성분을 이루고 있다.

ㄷ. 주어가 생략되었거나 감춰진(隱現) 상태에 있는 경우

故曰: 昏禮者, 禮之本也。〈禮記·昏義〉
그래서 이르기를, "혼례라는 것은 예의 근본이라."라고 하였다.

故曰: 天子之與後, 猶父之與母也。〈禮記·昏義〉
그래서 이르기를, "천자와 황후와의 관계는 아버지와 어머니와의 관계와 같다고 할 수 있을 것이다."라고 하였다.

② 형용사 술어문

형용사 술어문은 전체 주술문에서 차지하는 비중이 약 4%가 되었다.

石祁子兆。〈禮記·檀弓下〉
석기자가 길하다.

袒、括髮, 變也。〈禮記·檀弓下〉
왼쪽 어깨를 드러내고, 마로 머리를 묶는 것은 (효를 나타내 주는) 변화이다.

仁夫, 公子重耳! 〈禮記·檀弓下〉
어질구나, 공자 중이여!

세 번째 예문은 주어와 술어의 위치가 도치되어 형용사 술어가 앞에 위치하고 있는 것이 특이하다.

③ 명사 술어문

명사 술어문은 전체 주술문에서 약 8%의 비중을 차지하였다. 명사 술어문에서 주어의 형태 구조는 주로 '之'자 구조, '者'자 구조, 주술 구조로 된 것과 명사, 대명사, 수사로 된 것들이 있었다. 다음은 그중 '者'자 구조와 명사가 주어가 된 경우를 예로 든 것이다.

有直情而徑行者，戎狄之道也。〈禮記·檀弓下〉
자기의 심정이 내키는 대로 곧바로 경솔하게 행하는 것은 오랑캐의 도이다.

重，主道也。〈禮記·檀弓下〉
중은 신주와 같은 것이다.

④ 주술 술어문

이는 주술 구조가 술어가 되는 경우를 일컫는다. 주술 술어문이 전체 주술문에서 차지하는 비중은 7%가 넘었다. 그 내부 구조나 화용적 특징은 다음과 같다.

1. 이러한 문장은 어떠한 상황하에서의 세부적인 사항을 설명할 때 아주 적당한 구문이다.

2. 대주어가 심층 구조에서의 목적어가 전치된 것인데, 이것은 화제화의 결과이고, 이는 또한 적극적인 화용의 결과로 나타난 현상이다. 예를 들면 다음과 같다.

瘖、聾、跛、躄、斷者，侏儒，百工各以其器食之。〈禮記·王制〉
벙어리와 귀머거리와 절름발이와 앉은뱅이와 다리 끊은 자와 난장이와 백공을 각각 자기의 기능에 따라 일 시키고 먹인다.

예문에서 '瘖，聾，跛，躄，斷者'는 원래 동작 '食'의 목적격을 표시하는 성분들이다. 이들이 화제화된 후에 원래의 자리에는 '之'가 그들을 대신하고 있다.

3. 주술 술어문은 하나의 진술 대상에 대하여, 다양하게 다른 방면으로 묘사하고 설명하는 경우가 있다. 아래의 예가 모두 그러하다.

古之教者，家有塾，黨有庠，術有序，國有學。〈禮記·學記〉
옛날 학교는, 가에는 숙, 당에는 상, 수에는 서, 국도에는 학이 있었다.

爲人子者，居不主奧，坐不中席，行不中道，立不中門。〈禮記·曲禮上〉
남의 아들 된 자는 실의 서남우에 거처하지 않으며, 자리의 한복판에 앉지 않으며, 길 한복판으로 다니지 아니하며, 중문에 서지 아니한다.

禮，時爲大、順次之、體次之、稱次之。〈禮記·禮器〉
예는, 때가 제일 중요하고, 다음이 순, 그 다음이 체, 그 다음이 칭이다.

司徒敬子之喪，夫子相，男子西鄉，婦人東鄉。〈禮記·檀弓下〉
사도경자의 장례는, 부자는 마주하고, 남자는 서향, 여자는 동향으로 위치한다.

4. 주술 술어문의 대주어가 주술 술어 구조인 예이다. 화용론적 각도에서 보면, 일정한 언어 환경이 주어지고 다시 그 환경하에서 일어난 사건 전체를 화제화할 때 유용한 문형으로, 한 문장을 이용하여 풍부한 정보를 전달할 수 있게 해 준다.

父母之喪，哭無時，使必知其反也。〈禮記·檀弓上〉
부모의 상에는 곡하는 것이 정한 때가 없으며, 소상 뒤에 군명을 받들어 출사한 경우에는 돌아와서는 제고하여 부모의 신령으로 하여금 반드시 그가 돌아온 것을 알게 해야 한다.

5. 주술 술어문의 술어가 주술 술어 구조인 예이다. 이런 유형의 문장은 현대중국어에서는 찾아볼 수 없다.

純袂、緣、純邊，廣各寸半。〈禮記·深衣〉
단은 끝에 선을 두르고, 동정에 단을 댈 때는 넓이를 각각 한 치 반씩 한다.

我，喪也斯霑。〈禮記·檀弓下〉
우리 집안의 방법을 사람들이 모두 주목할 것이다.

6. 대주어와 소주어의 사이에 동작자와 사건 혹은 사건과 동작자의 관계가 성립한다. 동작자와 사건 관계에서 어순상 위치는 아래의 a, b, c의 경우와 같이 문장의 앞에 오기도 하고, d의 경우처럼 사건의 앞에 오기도 한다. 《禮記》에는 사건의 앞에 오는 경우가 많았다.

a. 古之大夫，束脩之問，不出竟。〈禮記·檀弓上〉
옛날의 대부는 포 열 장을 포갠 작은 선물도 국경 밖으로 내보내지 않는다.

b. 八十，齊喪之事，弗及也。〈禮記·王制〉
80세가 되면 재계하고, 제사 지내는 일과 상사에 관계된 일에 관여하지 않는다.

c. 我喪也斯霑。〈禮記·檀弓下〉
우리 집안의 방법을 사람들이 모두 주목할 것이다.

d. 三年之喪，吾從其至者。〈禮記·檀弓上〉
삼년상은, 나는 그 애통이 지극한 것을 좇겠다.

7. 이미 화제화된 설명이나 묘사 혹은 판단 대상이 대주어가 되고, 대명사가 주어가 된 주술 구조가 그의 술어가 되는 경우

四郊多壘，此卿大夫之辱也。〈禮記·曲禮上〉
왕성 밖의 사교에 누보가 많은 것은 경대부의 치욕이다.

地廣大，荒而不治，此亦士之辱也。〈禮記·曲禮上〉
땅은 광대한데 황폐하여 다스리지 않는 것은 또한 사의 치욕이다.

⑤ 병렬 성분이나 복문 형식이 술어가 된 경우

夫爲人子者: 出必告, 反必麵, 所遊必有常, 所習必有業, 恆言不稱老。〈禮記·曲禮上〉
남의 아들 된 사람은 집을 나갈 때는 반드시 가는 곳을 아뢰고, 돌아와서는 반드시 일정한 과업이 있으며, 평상시의 언어에 자신을 늙은이라고 일컫지 아니한다.

예문의 술어는 복문 형식의 구조로 충당되었다. 복문 형식은 주술 구조의 절과 수식 구조의 절이 혼재된 병렬 구조로 되어 있다. 그중 동사 '出, 反'으로 시작되는 구절은 수식 구조이고, '所遊, 所習'와 동사성 구조인 '恆言'으로 시작하는 구절은 주술 구조로 되어 있다. 《禮記》에서 이런 문장 유형은 쉽게 볼 수 있다.

(2) 비주술문으로 된 단문

비주술문으로 된 단문의 구조는 아래와 같은 경우가 있다.

① 동사 비주술문(非主謂句)

(子春曰) 止! 〈禮記·檀弓上〉
자춘이 "그쳐라."라고 말하였다.

(主人曰) 臨。〈禮記·檀弓下〉
주인은 "와 주셔서 고맙습니다."라고 말한다.

② 형용사 비주술문

善夫! 〈禮記·檀弓下〉
잘하는구나!

(夫子曰: 嘻!) 其甚也。〈禮記·檀弓上〉
공자는 "(아!) 지나치구나."라고 말씀하셨다.

③ 명사 비주술문

(孔子不應。) 三。(孔子臭然流涕曰: ……。) 〈禮記·檀弓上〉
공자가 불응하자, 문인이 아뢰기를 세 차례나 거듭하였다.

賜! (爾來何遲也?) 〈禮記·檀弓上〉
그대들은 어찌 늦었는가?

商! (女何無罪也?) 〈禮記·檀弓上〉
네가 어째서 죄가 없단 말이냐?

尼父! 〈禮記·檀弓上〉
이보여!

④ 감탄사 비주술문

嘻! (其甚也。) 〈禮記·檀弓上〉
아아! 지나치구나.

(子聞之, 瞿然曰:) 呼! 〈禮記·檀弓上〉
증자가 그 말을 듣고 "아아!" 하고 탄식하였다.

(曾子哭, 子夏亦哭, 曰:) 天乎! 〈禮記·檀弓上〉
증자가 곡하니 자하도 또한 "하느님!" 하고 곡하였다.

嗚呼哀哉! 〈禮記·檀弓上〉, 〈禮記·禮運〉
아아 슬프다.

皋! 〈禮記·禮運〉
하느님!

⑤ 수식 구조 비주술문

수식 구조의 수식형 비주술문(偏正非主謂句)은 대부분 수식형 주술문이었고 그중에서 수식 부분은 대부분 시간을 표시하는 부사어였다.

從於先生，不越路而與人言。〈禮記·曲禮上〉
선생을 따를 때에는 길 건너편의 사람과 말하지 않는다.

夙興，婦沐浴以俟見。〈禮記·昏義〉
아침 일찍 일어나 신부는 목욕한 뒤 시아버지, 시어머니를 뵙기를 기다렸다.

立必正方，不傾聽。〈禮記·曲禮上〉
서는 것은 반드시 방향을 바르게 하며, 머리를 기울게 하여 듣지 않는다.

昔者夫子之喪顏淵，若喪子而無服。〈禮記·檀弓上〉
옛날 부자께서 안연의 상을 당했을 때 마치 아들의 상을 당한 것처럼 하셨다.

厥明，舅姑共饗婦以一獻之禮，奠酬。〈禮記·昏義〉
그 다음 날에 시아버지, 시어머니가 함께 신부를 위하여 잔치를 하니 일헌의 예로써 전수한다.

(3) 복문

전체 문장에서 복문이 차지하는 비중은 32%가 넘었다. 이들을 복문을 형성하는 절들의 분포 상황에 기준하여 분류하면, 각각 다음과 같은 특징이 있다.

① 두 개의 절로 조합된 복문

이러한 유형은 전체 복문 중에서도 61%가 넘는 비중을 차지하였다.

諸侯之下士視上農夫，祿足以代其耕也。〈禮記·王制〉
제후의 하사는 상농부에 비등하므로 그의 녹이 상농부에 대신할 만하다.

卿，四大夫祿；君，十卿祿。〈禮記 · 王制〉
경은 대부의 녹의 4배가 되며, 군은 경의 녹의 10배이다.

次國之卿，三大夫祿；君，十卿祿。〈禮記 · 王制〉
다음 나라의 경은 하대부의 녹의 3배가 되고, 군은 경의 10배가 된다.

小國之卿，倍大夫祿，君十卿祿。〈禮記 · 王制〉
작은 나라의 경은 대부의 녹의 배이고, 군은 경의 10배이다.

中當其下，下當其上大夫。〈禮記 · 王制〉
차국의 중경은 대국의 하경에 상당하며, 차국의 하경은 대국의 상대부에 상당한다.

② 세 개의 절로 조합된 복문

이러한 유형은 약 20%의 비중을 차지하였다.

天子使其大夫爲三監，監於方伯之國，國三人。〈禮記 · 王制〉
천자는 그의 대부로 하여금 세 사람씩의 감독관을 삼아 방백의 나라를 감림독찰(監臨督察)하게 하되, 1주(州)에 3명씩이다.

中上倍下士，上士倍中士，下大夫倍上士。〈禮記 · 王制〉
중사는 하사의 배가 되고, 상사는 중사의 배가 되며, 하대부는 상사의 배가 되고, 경은 대부의 녹의 4배가 되며, 군은 경의 녹의 10배이다.

諸侯將出，宜乎社，造乎禰。〈禮記 · 王制〉
제후가 장차 떠나려 할 때에는 지기에 제사 지내고 부조의 묘에 제사 지낸다.

天子祭天地，諸侯祭社稷，大夫祭五祀。〈禮記 · 王制〉
천자는 천지에 제사하고, 제후는 사직에 제사하며, 대부는 오사에 제사 지낸다.

天子祭天下名山大川：五嶽視三公，四瀆視諸侯。〈禮記 · 王制〉
천자는 천하의 명산대천에 제사 지내는데 오악의 제사는 삼공의 경우에 준하고, 사독의 제사는 제후의 경우에 비한다.

③ 네 개의 절로 조합된 복문

이러한 유형은 약 12%의 비중을 차지하였다.

是故公家不畜刑人，大夫弗養，士遇之塗，弗與言也。〈禮記·王制〉
그리하여 공가에서 이를 기르지 않으며, 대부도 이를 기르지 않는다. 사는 노상에서 형인을 만나도 이를 상대해서 말하지 않는다.

天子將出，類乎上帝，宜乎社，造乎禰。〈禮記·王制〉
천자가 장차 떠나려고 할 때에는 상제에게 제사 지내고 지기에게 제사 지내며, 부조의 묘에 제사 지낸다.

韭以卵，麥以魚，黍以豚，稻以雁。〈禮記·王制〉
부추에는 알을 곁들이고, 보리에는 생선을 곁들이며, 기장에는 돼지를 곁들이고, 벼에는 기러기를 곁들여 천신한다.

北方曰狄，衣羽毛，穴居，有不粒食者矣。〈禮記·王制〉
북방의 오랑캐를 적이라고 한다. 그들은 새의 깃과 털로 옷을 만들어 입으며, 땅굴에서 살며 곡식을 먹지 않는 자도 있다.

修其教，不易其俗，齊其政，不易其宜。〈禮記·王制〉
마땅히 그들의 교화를 닦을 뿐 그 습속을 바꾸지 않으며, 그들의 정치를 정제할 뿐 그 마땅한 바를 바꾸지 않아야 한다.

④ 다섯 개 이상의 절로 조성된 복문

이러한 유형은 약 7%의 비중을 차지하였다.

無曠土，無遊民，食節事時，民鹹安其居，樂事勸功，尊君親上，然後興學。〈禮記·王制〉
황폐한 땅이 없고, 놀고먹는 백성이 없으며, 먹는 것을 제때에 먹고 일하는 것을 제때에 하면 백성들은 모두 각각의 사는 곳을 편안하게 여긴다. 그렇게 하면 일하는 것을 즐거워하고 부지런히 하여 공을 세우려고 힘쓰며, 임금을 높이고 윗사람을 친애하게 된다. 그렇게 한 뒤에 학교를 세운다.

昆蟲未蟄，不以火田，不麛，不卵，不殺胎，不殀夭，不覆巢。〈禮記·王制〉
곤충이 아직 칩복하지 않았으면 불을 놓아 사냥하지 않으며, 짐승의 어린 새끼를 잡지 않으며, 알을 앗아 오지 않으며, 새끼 밴 것을 죽이지 않으며, 금수의 어린 것을 끊어 죽이지 않으며, 갓난것을 죽이지 않으며, 소굴을 뒤집어엎어서 전멸시키지 않는다.

祭天地之牛，角繭栗；宗廟之牛，角握；賓客之牛角尺。〈禮記·王制〉
천지의 신을 제사 지내는 소는 어린 소로 그 뿔이 누에고치나 밤알 정도로 돋은 송아지를 쓰며, 종묘의 제사에는 뿔이 한 줌쯤 되는 송아지를 쓰고, 빈객을 접대하는 소는 뿔이 한 자 정도 자란 큰 소를 쓴다.

2. 단·복문의 결정과 관련된 문제

위에서 《禮記》에서 분할한 문장들을 대상으로 단문(주술문과 비주술문)과 복문으로 나누어 그 구조적인 유형을 살펴보았다. 그러나 단문과 복문의 구분은 사실 쉬운 일이 아니므로 이에 대한 논의가 필요하다. 본 절에서는 단·복문의 분할이 쉽지 않는 이유와 구분하는 표준에 대하여 탐구한다. 우선 그 기준에 대하여 살펴보자.

1) 단·복문의 정의와 구분 기준

단·복문의 경계 구분 문제는 매우 모호해서, 專書의 문장을 분할하는 데 많은 곤란을 가져온다. 이 절에서는 본 장의 앞부분에서 단문과 복문을 묘사하면서 언급이 안 되었던 분류 원칙을 보충하고, 또 단·복문의 경계를 분할하는 이 문제와 깊은 연관 관계가 있는 문제점들을 알아본다. 본 장에서는 비록 이 문제에 대한 결론을 못 얻지만, 앞으로 이와 관계된 문제를 연구하는 데 참고자료가 될 수 있을 것이다.

이왕의 단·복문에 대한 정의를 살펴보면 다음과 같다. 劉世儒(1957)는 단문에 대한 정의를, 술어가 여러 개의 단위로 되어 있더라도, 그중에서 한 개 혹은 몇 개의 단위가 다른 한 단위와 직접 성분 관계를 가진다면 이런 언어 단위가 단문이 된다고 하고 있다. 張靜(1987)은 한 개의 구조중심을 가지고 또 간단한 정보를 전달해주면, 즉 완성된 어조(語調)를 구비하고 있으면, 구조의 길고 짧음에 관계없이 단문이라고 하고 있다. 黃麗麗의 《左傳複句硏究》는 복문에 대한 정의를 상호간에 성분을 이루지 않는 두 개 이상의 문장 형식을 일정한 어법 방식을 이용하여 조성된 사상 교류의 기본 언어 단위라고 하고 있다. 현대중국어나 고대중국어를 막론하고 위와 같은 정의는 현재 여전히 운용되고 있으나, 문장을 직접 분석할 때는 여전히 위와 같은 정의로 쉽게 단·복문의 경계가 구분되기는 어렵다. 그래서 학자들은 단·복문을 나누는 표준을 요구하게 되었다.

단·복문을 나누는 원칙에 관한 문제에 대하여, 劉世儒(1957)는 성분분할법(成分劃定法)을 단문과 복문을 구분하는 표준으로 제시하면서, 단문과 복문의 본질적인 차이는 구조의 단위에 표현된다고 하고, 단문은 주어와 술어로 구성되고, 복문은 절(分句)로 구성된다고 하였다.

鄧福南(1980)은 어법학자들이 단문 혹은 복문이라고 여기는 전형적인 예에 근거하여 표준을 제시하고 있다. 그가 제시한 단문의 표준은 "하나의 주술 구조로만 구성되어야" 한다는 것이며, 복문의 표준으로는 다음 두 가지를 들고 있다. 첫째, 두 개나 두 개 이상의 주술 구조로 이루어져 있다. 둘째, 그들 주술 구조 사이에는 語音 휴지가 있어서, 서면어 표기 시에는 모점(逗號)이나 쌍점(分號)으로 나눌 수 있어야 한다.

기존 연구자들이 단·복문을 나누는 원칙들은 주로 '형식, 의미, 음성,

술어의 多少, 술어의 복잡성 정도나 기타 관련어' 정도로 귀납할 수 있다. 이에 근거하면 우리는 아래와 같이 세 가지의 결론을 내릴 수 있을 것이다.

첫째, 복문의 구성 재료는 절(分句)이고, 단문의 구성 재료는 단어나 구이다. 그리고 복문은 두 개 이상의 절로 이루어지지만, 상호간에 문장 성분으로 충당되지 않는 독립적인 구조중심을 가지는 것이다. 상대적으로 단문은 하나의 구조중심을 가지게 된다. 이런 표준은 劉世儒(1957)의 '성분분할법'이 대표적이며, 이는 지금도 가장 중요한 표준이 되고 있다.

둘째, 일반적으로 복문 중의 절 사이에는 어음의 휴지가 있고, 이는 모점이나 쌍점을 이용하여 표시한다. 단문 중에는 이런 어음상의 휴지가 없다. 그러나 이러한 음성에 근거한 표준은 현대식의 표점 부호처럼 고문헌에서는 실제적인 조작성이 결핍된 표준이라 할 수 있다. 고문헌에서는 이러한 신식의 표점 부호가 없을 뿐만 아니라, 표점이 없는 상태에선 휴지라는 음성적 표준도 주관적인 것일 수 있기 때문이다. 이 때문에 휴지와 같은 음성 표준은 위의 첫째 표준에 대한 보조적 표준일 수밖에 없다.

셋째, 일반적으로 복문에서는 절 사이에 구조의 결합을 관련사에 의지해서 연결한다. 단문은 이러한 관련사가 필요없다. 그러나 복문에서도 관련사가 반드시 출현하지 않고, 경우에 따라서는 단문에서도 관련사가 출현하기도 한다. 이 때문에 관련사의 표준도 역시 보조적인 표준일 수밖에 없다.

2) 단 · 복문의 경계 구분에 영향을 미치는 요소

우리는 아래와 같은 다섯 가지 요소가 단·복문의 결정과 깊은 관계가 있음을 알 수 있다.

(1) 주어의 생략설과 단·복문

아래와 같은 예문이 단문인가 혹은 복문인가에 대한 학자들의 견해는 일치하지 않고 있다.

古之教者, 家有塾, 黨有庠, 術有序, 國有學。〈禮記·學記〉
옛날 학교는, 가에는 숙, 당에는 상, 수에는 서, 국도에는 학이 있었다.

禮, 時爲大、順次之、體次之、稱次之。〈禮記·禮器〉
예는, 때가 제일 중요하고, 다음이 순, 그 다음이 체, 그 다음이 칭이다.

이러한 문형은《禮記》에서 아주 흔히 보이는 구문이다. 이러한 문장에 대해서 일부 학자들은 단문으로 또 일부 학자들은 복문으로 여기고 있다. 이러한 문형은 "S, P_1, P_2, ……, P_n"이란 격식으로 표시할 수 있다. 이 견해는 "P_2……P_n" 앞에 주어 "S"가 각각 생략되었다고 본다. 이러한 문장의 격식은 두 개 이상의 주술 구조, 즉 "SP_1, $(S)P_2$, ……$(S)P_n$" 격식으로 된 복문이라고 보는 것이다. 이와는 달리, 단문이라고 보는 견해는 "P_1……P_n"이 합쳐져서 그들 전체가 주어 "S"의 술어가 된다고 보고, 그들을 "$S(P_1$, ……$P_n)$" 격식이 사용된 것이라고 여기는 것이다. 주어의 생략설이 단·복문의 결정과 깊은 관련이 있음은 宋玉柱(1987)에서 잘 나타나고 있다.

(2) 문두성분의 성질과 단·복문의 경계 구분

문두에 위치한 성분의 성질을 어떻게 귀속시킬 것인가와 단·복문의 결정과는 아주 밀접한 관계가 있다. 문두성분에 대하여는 아래처럼 세 가지의 상황을 고려해 볼 수 있다.

첫째, 문두의 성분은 명사성 단어이고, 학자들은 일반적으로 이를 주어로 본다. 아래의 예문은 본 장 1절에서 보였듯이, 혹자는 단문으로 또 혹자는 복문으로 보고 있다.

禮，有大有小，有顯有微。〈禮記·禮器〉
예에는 큰 것이 있고 작은 것이 있으며, 두드러진 것이 있고 미세한 것이 있다.

禮，時爲大、順次之、體次之、稱次之。〈禮記·禮器〉
예는, 때가 제일 중요하고, 다음이 순, 그 다음이 체, 그 다음이 칭이다.

둘째, 문두의 성분은 주술 구조이고, 학자들은 일반적으로 이를 分句로 본다. 그럼, 아래의 예문은 자연히 복문으로 인식되게 된다.

父母存，不許友以死，不有私財。〈禮記·曲禮上〉
부모가 살아 계시면, 친구 때문에 죽어서도 안 되고, 사사로운 재물을 가져서도 안 된다.

셋째, 문두의 성분은 서술적 의미를 가지는 구조이고, 학자들은 일반적으로 이를 부사어로 보거나 혹은 주어가 생략된 분구로 본다. 그럼, 예문은 단문이나 복문으로 둘 다 이해될 수 있다.

將上堂，聲必揚。〈禮記·曲禮上〉
마루에 올라가려고 할 때에는 반드시 소리를 높여서 말해야 한다.

이러한 세 가지의 상황은 문두의 성분과 단·복문의 경계 구분 간에 깊은 관계가 있음을 보여 주는데, 이로부터 아래와 같은 문제점이 나타나게 된다.

첫째, 문두성분이 주술 구조인 것은 사실이지만, 그러나 이 주술 구조 자체는 술어의 진술 대상이 되어서 주어가 될 수도 있다는 점이다. 아래 예문 중의 '庶子不祭', '孝子不服闇, 不登危'가 그렇다. 그들은 충분히 주어로 인식될 수 있다는 것이다. 그렇다면 이는 단문이 되어야 되는 것이다.

庶子不祭, 明其宗也。〈禮記 · 大傳〉
서자가 제사를 지낼 수 없음은 그 종법을 밝히기 위함이다.

孝子不服闇, 不登危, 懼辱親也。〈禮記 · 曲禮上〉
효자는 어두운 곳에서 일을 하지 않으며, 위태한 곳에 오르지 않는 것은 어버이를 욕되게 할까 두렵기 때문이다.

둘째, 문두성분이 명사인 것은 사실이나, 그러나 그와 직접 성분 관계인 술어와는 진술과 진술 대상의 관계를 갖는 것이 아니고, 시간이나 장소와 같은 상황을 표시해 준다. 이 경우, 그것을 주어로 볼 수 있는가 하는 점이다. 만약 주어로 보는 것이 가능하다면 예문들을 단문으로 보는데 문제가 없을 것이다.

公儀仲子之喪, 檀弓免焉。〈禮記 · 檀弓上〉
공의중자의 상에 단궁이 문하였다.

車上, 不廣咳, 不妄指。〈禮記 · 曲禮上〉
수레 위에서 크게 무르지 않으며 망령되게 손가락질하지 않는다.

道路: 男子由右, 婦人由左, 車從中央。〈禮記 · 王制〉
한길에서 남자는 오른편으로 여자는 왼편으로 통행하고, 차는 중앙으로 통행한다.

셋째, 문두성분이 서술성 단어일지라도, 경우에 따라서는 술어의 진술 대상이나 발화의 기점 구실을 하여, 주어가 되거나 화용론에서 언급되는 화제가 될 수 있다. 그래서 예문 중의 서술성 성분 '用民之力', '葬', '居民'은 주어 혹은 화제가 될 수 있는 것이다. 그렇다면 이들은 단문으로도 이해될 수 있다.

用民之力, 歲不過三日。〈禮記·王制〉
백성의 부역은 일 년에 삼 일을 넘지 못한다.

葬不爲雨止。〈禮記·王制〉
장사는 비 때문에 중지하지 않는다.

凡居民, 量地以製邑, 度地以居民。〈禮記·王制〉
무릇 백성을 안주시키는 데는 땅을 측량하여 읍을 만들고 땅을 나눠 주어 백성을 살게 한다.

이처럼 현대중국어에서 문두성분이 주술 구조이면 이를 복문이라고 보는데, 위의 둘째 경우처럼 고대중국어에서는 이러한 규칙이 적용되기가 어렵다는 것을 알 수 있다.

(3) 언어 조합의 층차 관계와 구조의 평행성 및 단·복문

단문이나 복문은 원래 어느 쪽이 크고 어느 쪽이 작다는 개념으로 설명할 수 있는 것이 아니다. 어떤 층차에서는 복문 형식이지만, 그러나 이 복문 형식은 그보다 하나 더 상위의 층차에선 또 다른 내포 성분이 되기도 한다. 이처럼 내포되는 복문 모양의 성분을 복문이라고 하지 않고 복문 형식이라고 부른다.

父母存, 不許友以死, 不有私財。〈禮記·曲禮上〉
부모가 살아 계시면, 친구 때문에 죽어서도 안 되고, 사사로운 재물을 가져서도 안 된다.

爲人子者: 父母存, 冠衣不純素, 孤子當室, 冠衣不純采。〈禮記·曲禮上〉
부모가 생존하였으면 갓과 옷을 순소하게 하지 않으며, 고자로서 아버지의 뒤를 잇는 자는 갓과 옷을 순수한 색채로 하지 않는다.

이들 예문에서 전자의 경우에는 '父母存'과 '不許友以死, 不有私財'로 조합된 가설 표시의 복문이나, 그와 구조 형태가 유사한 '父母存, 冠衣不純素'(여기에서는 복문 형식임)는 다른 복문 형식인 '孤子當室, 冠衣不純采'와 같이 더불어서 전체주어인 '爲人子者'의 술어의 일부를 담당하고 있다. 즉, 후자의 예문은 문장 전체가 하나의 단문인 것이다. 이 예문에서 술어는 두 개의 복문 형식인 ① '父母存, 冠衣不純素', ② '孤子當室, 冠衣不純采'가 병렬 조합된 구조이다. 그래서 복문 형식도 경우에 따라서는 단문의 한 구성요소가 되기도 한다는 것이다. 그러므로 단문과 복문 간에는 형식으로 보든 의미로 보든 크거나 작거나 간단하거나 복잡한 것과는 관계가 없음을 알 수 있다.

아래의 두 가지 예문을 비교해 봄으로써 구조의 평행성과 언어의 자연 층차 및 단·복문의 경계 구분과의 관계를 알아보자.

(1) 小斂之奠, ‖ 子游曰於東方, 曾子曰於西方斂斯席矣。〈禮記·檀弓上〉
소렴의 전을 자유는 동쪽에서 한다고 말하고, 증자는 서쪽에서 자리를 깔고 한다고 말하였다.

人, ‖ 有禮則安, 無禮則危。〈禮記·曲禮上〉
사람은 예가 있으면 안전할 것이고, 예가 없으면 위험할 것이다.

喪服, ‖ 兄弟之子猶子也, 蓋引而進之也, 嫂叔之無服也, 蓋推而遠之也, 姑姉妹之薄也, 蓋有受我而厚之者也。〈禮記·檀弓上〉
상복은 형제의 아들에 대한 복을 내 아들과 같이 한 것은 대체로 끌어당겨 올린 것이고, 수숙의 사이에 복이 없는 것은 대체로 밀어내어서 멀리한 것일 것이다. 고모, 자매에 대하여 복을 박하게 한 것은 대체로 나를 대신해서 후하게 해 주는 사람이 있기 때문일 것이다.

方百裏者, ‖ 爲方十裏者百, 爲田九十億畝。〈禮記·王制〉
방백리는 방십리의 백 배가 되므로 구십억 묘가 된다.

(2) 是故聖人作, ‖ 爲禮以敎人, 使人以有禮, 知自別於禽獸。〈禮記·曲禮上〉
그런 고로 성인이 나서서 예를 만들어서 사람을 가르쳐 사람으로 하여금 예가 있게 하였다. 그리하여 스스로 금수와 다르다는 것을 알게 하였다.

天子將出, ‖ 類乎上帝, 宜乎社, 造乎禰。〈禮記·王制〉
천자가 장차 순수의 길을 떠나려고 할 때에는 상제에게 제사 지내고 지기에게 제사 지내며, 부조의 묘에 제사 지낸다.

是故, ‖ 言, 悖而出者, 亦悖而入。貨, 悖而入者, 亦悖而出。〈禮記·大學〉
그러므로 이치에 어긋난 말을 하면, 이치에 어긋난 앙갚음을 당할 것이다. 이치에 어긋난 재물을 취하면, 이치에 어긋나게 잃을 것이다.

是故, ‖ 婦順備而後內和理, 內和理而後家可長久也。〈禮記·昏義〉
이런 까닭으로 부순이 갖추어진 뒤에라야 안으로 화목하게 다스려지고, 안으로 화목하게 다스려진 뒤에라야 집안이 장구하게 유지되는 것이다.

위에서 (1)의 예문들은 단일주어가 여러 개의 술어를 가진 '單主多謂'형의 단문들이고, (2)의 예문들은 주술 구조의 문두성분과 뒤에 오는 몇 개 항의 절이 결합한 복문이다. 예문의 "‖"는 문장이 처음 분할된 위치, 즉 층차를 표시한다. 그리고 일차 분할된 구조에서 오른쪽에 위치한 여러 항으로 이루어진 절들 사이에는 그 구조가 비교적 정연한 평행성을 유지하고 있다. 위의 예문 중에서 (1)의 예문들은 문두성분이 이미 화제화가 되어서, 그와 직접 성분 관계에 있는 다수의 술어들은 화제화된 문두의 주어에 대하여 서술을 하게 된다. (2)의 예의 경우 문두 위치의 성분들은 그들의 직접 성분과의 관계가 화제와 평언의 관계에 있지가 않다. 원래 문장의 앞부분에는 주어나 부사어, 관련사어, 주위 구조가 모두 올 수 있다. 문두성분이 주어나 부사어이면 그 문장은 단문이 되고, 만약 주위 구조로 된 경우에는 다시 그 주위 구조가 뒤의 진술 부분에 대하여 진술 대상인지 아닌지를 본다. 만약 주위 구조가 진술 대상이면 이 문장은 단문이 되고, 그렇지 않으면 복문이 된다.

(4) 동격 지시(複指) 성분과 단·복문의 확정

아래와 같은 문장들은 단문인지 복문인지를 결정하는 데 이견이 많은 이유는 동격 지시 성분과 관계가 깊다.

居山以魚鼈爲禮, 居澤以鹿豕爲禮, 君子謂之不知禮。〈禮記·禮器〉
가령 산에서 사는 사람이 바다나 강의 물건을 예에 사용하거나, 택지에 사는 사람이 사슴이나 멧돼지를 예에 사용하거나 하는 것을, 군자는 예를 알지 못한다고 말한다.

所惡於右, 毋以交於左。所惡於左, 毋以交於右, 此之謂絜矩之道。〈禮記·大學〉
우측 사람들이 싫어하는 일은 좌측 사람에게 보내지 않고, 좌측 사람이 싫어하는 일은 우측 사람에게 보내지 않아야 하는데, 이것을 일러 사람의 행위를 제약하는 기능이라고 한다.

一年視離經釆誌, 三年視敬業樂群, 五年視博習親師, 七年視論學取友, 謂之小成。〈禮記·學記〉
입학하고 일 년은 경을 떠나 그 뜻을 알게 하고, 3년째 들어서는 학업과 벗과의 화합에 힘쓰게 하고, 5년째 들어서는 널리 사물에 대한 지식을 탐구하게 하고, 7년째 들어서는 학문에 대해서 강론하고 벗을 취하는 데에 힘쓰게 하는데, 이를 대학교육의 소성이라 한다.

如有不由此者，在勢者去，衆以爲殃，是謂小康。〈禮記·禮運〉
만일 이 법에 따르지 않는 자가 있으면 백성들에 의하여 멸망하게 되는데, 이를 일러 소강이라 한다.

死而不弔者三：畏、厭、溺。〈禮記·檀弓上〉
사람이 죽어도 조상을 하지 않는 경우가 세 가지 있다. 두려워서 죽은 자와, 압사한 자와, 익사한 자가 그 경우이다.

羔豚而祭，百官皆足。大牢而祭，不必有餘。此之謂稱也。〈禮記·禮器〉
양이나 돼지로 제사를 지내고 그것으로 사람들이 충분히 나눌 수 있고, 태뢰를 사용한 제사 뒤에도 남음이 없어야 하는데, 이를 일러 칭이라고 한다.

立權，度量，攷文章，改正朔，易服色，殊徽號，異器械，別衣服，此其所得與民變革者也。〈禮記·大傳〉
권위를 세우고, 도량형을 정하고, 예법을 설정하고, 역법을 고치고, 기치의 기호를 분명히 하고, 기계를 다르게 하고, 의복을 구별되게 하는 것은, 그 백성과 더불어 변혁할 수 있는 것들이다.

昔者衛國凶飢，夫子爲粥與國之餓者，是不亦惠乎？〈禮記·檀弓下〉
옛날 위나라가 흉년이 들어 백성들이 굶주릴 때 부자(夫子)가 죽을 쑤어 국내의 굶주린 자에게 주었으니, 이는 은혜라고 하기에 충분하지 않은가?

地廣大，荒而不治，此亦士之辱也。〈禮記·曲禮上〉
땅은 광대한데 황폐하여 다스려지지 않는 것은 또한 사의 치욕이다.

상기 예문들에 대하여 何樂士, 黃伯榮 등은 이를 복문으로 여기고 있고, 王力, 呂冀平, 高更生, 王彪(1986) 등은 이를 단문으로 여기고 있다.

이에 대한 필자의 견해는 구체적인 언어 환경에 따라서 융통성 있게 보아도 된다는 것이다. 우선 '此'나 '是'과 같은 동격 지시 성분이 복지하는 부분의 구조가 만약 독립적으로 쓰일 수 있고 또 의미의 전달이 온전하게 되어 있으면, 이때는 두 개의 문장으로 보고, 만약 구조로 봐서는 독립을 할 수 있지만, 의미의 전달이 온전하지 못하여서 '此'나 '是'와 같은 동격 지시 성분이 인도하는 부분과 완전한 독립이 안 되면 주술 술어문의 일종으로 보고, 단문으로 보는 것이다.

그 다음은 또 呂冀平도 언급하고 있듯이 '此'나 '是'와 같은 동격 지시 성분의 기능도 참고할 수 있다. '此'나 '是'는 동격 지시되는 그 앞의 주어를 집중시켜 주어서 산만해지는 것을 막는 기능을 한다.

동격 지시 주어문(複指主語句)은 고대와 현대에 모두 자주 보이는 형식인데, 그중에서 동격 지시(複指)되는 성분인 대주어의 구조는 매우 복잡해질 수도 있다. 심지어는 복문 형식이 대주어에 충당되기도 한다. 이러한 경우에 주어가 비록 복문 형식이어도, 전체 문장이 단문이라는 성질에는 변함이 없다.

(5) 문장 내부 성분 사이의 의미 결합의 긴밀도 및 단·복문

아래와 같은 문장에서 그 내부 성분인 '吉兇異道', '不得相幹', '取之陰陽也' 사이의 語義 연결은 비교적 긴밀하지가 못하다. 그러나 이 세 항은 모두가 한 주어에 대하여 여러 방면으로 진술을 하는 경우이다.

> 夫禮, 吉兇異道, 不得相幹, 取之陰陽也。〈禮記·喪服四製〉
> 대저 예라는 것은 길흉이 도를 달리해서 서로 간섭함을 얻지 못하여, 이를 음양에서 취한 것이다.

이러한 유형은 《禮記》에서 아주 많이 출현하는 문형 중의 하나이다. 呂叔湘(1986)이 비록 현대문을 대상으로 설명했지만, 위의 상황과 비슷한 부분에 대하여 다음과 같이 언급한 바 있다.

일부 문장의 경우 술어는 여러 구절들이 길게 연결되기도 하는데, 그들의 구조는 다양하다. 이러한 술어를 설명하기 위해서는 그들 전체가 대주어에 대하여 뭔가를 설명해 준다는 식의 표현을 제외하고는 달리 별 뾰족한 설명법이 없다.

그리고 呂叔湘(1986)은 아래와 같은 예를 들고 있다.

① 劉老太太有些害怕, 才腕子亂哆嗦, 臉色慘白, 瞪直了眼睛, 半天發傻, 心直跳。
유 씨 할머니는 조금 무섭고, 팔이 벌벌 떨고, 얼굴색이 창백하여, 눈을 크게 뜨고, 한참 어리둥절하고, 가슴이 계속 뛰었다.

② 她誤了喫飯, 誤了睡覺, 東家出, 西家入, 嘴說幹, 腿跑乏, 好容易把婦女們都動員的下了地。
그녀는 밥 먹는 것과 잠자는 것을 지체하면서, 이집 저집을 입이 마르고, 다리가 힘들 때까지 돌아다니면서 어렵게 아낙네들을 동원하여 밭에 나가게 하였다.

예문 ①에서 주어' 劉老太太'를 제외한 부분은 전체가 술어로 그 주어를 설명해 주고 있다. 예문 ②에서 주어 '她'를 제외한 그 이하 전체는 모두가 역시 주어에 대하여 설명을 하고 있다.

이는 현대 문장에서도 역시 하나의 주어를 설명하면서 여러 가지 방면으로 설명할 수 있음을 말해 주는 것이다.

〈禮記·禮器〉에는 아래와 같은 예문이 보인다.

天子崩, 七月而葬, 五重八翣[10]。
천자가 붕하면, 칠 개월에 장사하며, 오중 관에 8개의 식(飾)을 드리운다.

---

10 삽(翣)은 처첩을 순장하는 것을 이르며, 팔삽, 육삽, 사삽이 있다. 팔(八), 육(六), 사(四)의 수는 순장하는 수를 말한다고 보는 주장도 있다.

諸侯，五月而葬，三重六翣。

제후는 다섯 달에 장사하며, 삼중 관에 6개의 식(飾)을 드리운다.

大夫，三月而葬，再重四翣。

대부는 석 달에 장사하며, 이중 관에 4개의 식(飾)을 드리운다.

둘째와 셋째 예문에는 첫째 예문의 문두성분인 주위 구조 '天子崩'과 비교해 봤을 때 '諸侯'나 '大夫' 뒤에도 '죽음'을 뜻하는 단어가 생략되어 있음을 알 수 있다. 이런 언어 현상은 우리에게 언어 교제를 할 적에 일정한 환경에서는 단문이나 복문을 마음대로 사용할 수 있음을 알려 준다. 위에서 첫째 예문은 '문두 주술구+分句 1+分句 2'식의 복문이 되고, 둘째와 셋째 문장도 이러한 문형을 쓸 수 있을 자리이나, 오히려 '주어+分句1+分句 2'식의 단문을 이용하였다. 이러한 현상은 나타내려고 하는 의미가 언어 환경에 의해서 비교적 명확할 때 발생할 수 있다.

본 장에서는《禮記》문장의 실제 언어 사실에 근거하여《禮記》문장의 분석에서 피할 수 없는 실제적인 문제인 문장의 분할 원칙, 그리고 단·복문의 확정 문제에 대하여 논의하였다. 문장의 분할 원칙을 논의하면서는 의미와 구조를 같이 중시하는 입장에서 7개에 이르는 항목의 구체적인 분할 표준을 제시하였다. 동시에 본 장은 단문·복문을 결정과 밀접한 관련이 있는 내용에 대하여 5가지 항목으로 나누어 정리하였다.

제5장 | 중국어 문장의 단문과 복문

중국어 문장의 단문(Simple Sentence)과 복문(Compound Sentence)의 경계 구분에 대한 논의의 초점은 대부분 단문과 복문의 경계 구분에 대한 필요성 문제, 구분의 기준 문제, 구분의 이론적 근거 문제에 있었다. 이들 연구는 주로 중국 연구자에 의하여 진행되었고 국내 연구진의 연구는 제한적으로 이루어졌다.

본 장에서는 중국어 단문과 복문의 두 문장 구조 사이의 경계 구분에 대한 前人의 연구 성과를 기초로 하여 그들 논쟁의 배경과 이유, 그리고 최근에 새롭게 제시되고 있는 논점에 대해 고찰하고자 한다. 고찰 후에는 중국어 문장들에 대한 단문과 복문의 경계 구분에 대한 기준을 제시할 것이다. 또한 제시한 기준에 따라서 어법학계에서 문제시되었던 문장들을 대상으로 하여 그들을 직접 분석한다. 이러한 작업은 앞으로 중국어 교육 현장에서 실제 활용할 수 있는 자료로 제공되어 중국어 문장 구조에 대한 이해를 돕고 단문과 복문의 경계를 구분하는 데 도움을 줄 수 있을 것이다.

1. 경계 구분에 대한 논쟁

呂叔湘(1984: 550)은 “중국어에서 단·복문의 경계를 구분하는 일은 어법을 연구하는 사람들로서는 골치 아픈 일 중의 하나이다."[11]라고 언급하였다. 이처럼 중국어에서 단문과 복문을 구분하는 일은 그리 간단하지가 않다. 그렇기 때문에 이는 중국어법학사에서 줄곧 논쟁의 중심에 있는 문제 중의 하나로 남아 있다.

1) 논쟁 양상

1957년《中國語文》에서 '단문과 복문의 경계를 어떻게 구별하여야 할까'라는 논제로 토론을 벌였다. 여기에서는 이 문제에 대해 '기원, 기준, 해결 방안' 등에 대한 체계적인 논의를 진행하였으나 공론화된 의견 통일은 이루지 못했다. 그 후 이 논제는 여전히 중국의 어법학계에서 논쟁의 중심에 있었다. 1990년대에 일부 학자는 심지어 중국어의 복문을 영어의 복합문에 대한 간단한 모방이라고 하고 중국어에서는 단문과 복문의 경계 구분이 필요없다는 주장까지 하였다.

종합적으로 보면, 논의의 요점은 단문과 복문 경계 구분의 필요성에 대한 것이고, 주된 주장은 경계 구분이 필요하다는 설과 필요치 않다는 설의 두 가지이다. 부정설에 대해 먼저 살펴보기로 하자.

(1) 경계 구분 부정설

周鵬程(2001)에 의하면, 孫良明, 張世祿, 沈開木 등이 중국어의 단·복문 경계를 구분하는 데 대한 부정적인 견해를 가지고 있다. 특히 孫良明은 1983년부터 줄곧 중국어는 단·복문의 경계 구분이 없다는 주

11 "單句複句的劃分是講漢語語法叫人撓頭的問題之一".《漢語語法論文集(增訂本)》의 「漢語語法分析問題」를 참고.

장을 하고 있다. 孫良明(1979)은 특히 《馬氏文通》에 단·복문 구분이 없었던 사실을 근거로 중국 어법학계가 단·복문의 경계를 나누는 것에 대하여 부정적인 견해를 제시하였다. 그는 어법학계에서 단문과 복문의 경계를 구분하는 여러 가지 분석법[12]을 제시하였는데, 그 근거로 제시한 기준들이 모두 중국어 현상을 잘 반영하지 못하는 폐단을 가지고 있기 때문에 문제를 해결할 기준으로 쓰일 수 없음을 지적하였다. 그리고 孫良明(2007)은 중국어 문장에 단·복문의 구분이 필요없다는 점을 재삼 강조하였다. 그의 부정적인 견해의 출발점은 동일 문장에 대하여 그것이 단문인지 복문인지 경계를 구분하는 기준이 학자마다 달라 설득력이 없다는 점이다. 다음에서 동일 현상에 대해 서로 다르게 분석한 예를 살펴보자.

(1) 他們愛祖國, 愛人民, 愛正義, 愛和平。
그들은 나라를 사랑하고, 국민을 사랑하고, 정의를 사랑하고, 평화를 사랑한다.

孫良明(2007)의 일관된 주장은 위의 문장에 대해 黎錦熙는 1개의 주술 구조의 단문으로 분석하고 있는 데 반해, 劉世儒와 張靜의 《漢語語法分析問題》에서는 4개의 주술 구조로 이루어진 복문으로 분석하는 데 문제점이 있다는 것이다.

그러나 동일 언어 현상에 대하여 그것이 단문이지 복문인지를 구분하는 견해가 일치하지 않는다 하여 중국어에 단문과 복문이 경계 구분

12 孫良明(2000)을 참고. "成分劃分法、高一層次法、複合命題法、共同成分有無法、謂讀多少法、硬性規定法、主謂複雜說、界限不清無害說等。" 이 분석법들에는 사실상 '생략', '단문 형식' 등 용어에서 비롯되는 문제가 다수 있다.

이 없다거나 필요치 않다는 주장은 사실 일반언어학적 관점에서는 이해하기가 힘든 논리이다. 왜냐하면 동일 언어 현상에 대하여 학자마다 다른 견해를 가지는 경우는 매우 자연스러운 현상이기 때문이다.

경계 구분에 대한 필요성과는 관계없이 위 예문에 대한 張靜의 분석은 또 다른 논쟁의 대상이 되고 있다. 그것은 바로 어법학계에서 문제시되었던 '주어생략설'에 관계된 것이다. 그는 위 예문 "他們愛祖國, 愛人民, 愛正義, 愛和平。"의 제2, 3, 4문을 모두 제1문의 주어가 생략된 복문으로 분석하고 있는데, 이런 견해가 과연 타당한가 하는 문제에 있어서는 의문의 여지가 있다. 실제로 楊必勝(1983)은 위와 같은 문형을 병렬 관계의 술어로 된 단문으로 분석하며 '주어생략설'의 남용에 대해 부정적인 시각을 제시하였다.

(2) 경계 구분 긍정설

위의 논쟁에서 살펴보았듯이 孫良明 등 몇 사람을 제외한 중국어 어법학계에서는 대부분 단·복문의 경계 구분에 공감한다. 孫良明(2000) 등의 주장은 직간접적으로 많은 이의 반론에 직면하게 된다. 邵靄吉(2003)는 "《馬氏文通》에 단문과 복문이란 술어가 없는 것은 馬氏가 모방하였던 서방 어법이 문장을 단문과 복문으로 이분법에 따라 나누지 않고 삼분법(단문, 주종복문, 병렬복문)을 모방하여 썼기 때문이다."라고 하였다. 그리고 《馬氏文通》에 단문과 복문이란 술어가 등장하지 않는 것은 당연한 현상이며, 중국어에 단문과 복문의 구분이 불필요하다는 주장을 하면서 이를 근거로 삼는 것은 논리가 부족하다고 주장하였다. 邵靄吉(2003)는 馬氏는 오히려 그 후 단문과 복문이란 술어의 창조에 공헌을 하였다고 주장하였다. 郭燕妮(2011)는 특히 孫良明이 문제점으로 지적하였던 여러 문제들에 대하여 자세하게 반론을 제기하였다. 그 밖에도 張會森(2000)은 비교언어학적 시각에서, 張雪濤(2003)·李守江(2006) 등은 인지언어학적 입장에서 원형 범주 이론(Categorization and Prototype Theory)을 적용하여 중국어 단·복문의 경계 구분을 설명하였다.

2) 논쟁의 원인과 새로운 해석

이들 논의를 살펴보면, 그 논쟁의 중심에는 내부적인 요인과 외부적인 요인이 같이 자리하고 있다. 내부적인 요인으로는 중국어 자연어 자체 내부의 본질적인 특징을 들 수 있고, 외부적인 요인으로는 중국어 자연어에 대하여 인지하고 해설하는 과정에서 나타나는 인위적인 서술을 들 수 있다. 전자는 중국어의 유형학적 특징에서 기인하고, 후자의 경우는 새로운 언어학적 이론을 적용하여 중국어를 설명하는 새로운 학설 등이 이에 속한다. 물론 이 두 요인은 서로 인과관계가 있다고 할 수 있다.

(1) 중국어 자체의 특징

주지하듯이 중국어는 유형학적으로 어법 표현 수단에 있어서 형태적인 변화가 별로 없는 독립어에 속한다는 특징을 가지고 있다. 중국어 단문과 복문의 경계 구분에 대한 어려움도 당연히 이와 관계가 깊고, 그래서 이 문제는 형태의 변화가 분명한 외국어를 연구하는 학계의 시각과 비교하는 가운데서 더욱 두드러질 수 있을 것이다.

Louis Alexander(1988: 4)를 참고하면, 그는 영어의 문장을 단문과 복문으로 이분하고, 복문은 다시 병렬복문과 종속복문으로 분류하고 있다.[13] 사실 이 분류는 언어학에서 인류 언어를 분류하는 공통적인 분류법이라 해도 무방할 것이다. Louis Alexander(1988: 7)가 단문에 내린 정의는 "가장 간단한 문장 단위로 보통 한 개의 한정(finitive)동사를 가지고 한 개의 주어와 한 개의 술어로 이루어진다."라는 것이다. 정의에서 '한정동사' 등을 언급한 것은 영어 단문의 구조에서 '한정동사'가 그만큼 중요한 기능을 한다는 뜻을 암시하는 것이다. 실제로 '한정동사'는 영어에서 주술 일치의 형태로 나타나고, 이는 영어의 가장 중요한 특징 중의 하나이다. 이 특징은 중국어에 나타나지 않는다. 예문을 통해 이를 살펴보자.[14]

(2) a. *Both* the boss *and* his secretary *are* flying to Paris.
老板和他的秘書都正在*飛往*巴黎。
사장과 그의 비서는 비행기를 타고 파리로 가고 있다.

b. *Neither* the boss *nor* his secretary *is* flying to Paris.
老板和他的秘書都沒有*飛往*巴黎。
사장과 그의 비서는 모두 비행기를 타고 파리로 가지 않았다.

영어의 두 예문에 쓰인 동사 'are'과 'is'는 모두 한정동사이고, 주어와 술어의 일치를 위한 형태 변화가 있다. 그러나 그에 대응되는 중국어 표현에 쓰인 동사는 동일한 '飛往'으로, 주어와 술어 사이의 일치가

13 영어의 단·복문에 대한 개념은 http://eslbee.com/sentences.htm1에도 간단하고 알기 쉽게 정리가 되어 있는데 이 또한 Louis Alexander(1988)의 분류와 별반 다르지 않다.

14 영문 예문은 Louis Alexander(1988)에서 인용하였고, 그에 대한 중국어 대역 또한 큰 수정 없이 인용하였다.

필요치 않으며 형태에서도 변화가 일어나지 않는다.

복문(종속복문)의 구성 방법에 대한 설명에서도 영어와 중국어의 유형적 차이점을 발견할 수 있다. Louis Alexander(1988: 23)는 "종속복문은 접속사를 이용하여 두 단문 형식을 연결하는 방법과 부정사나 분사 구조를 이용하는 두 가지 방법으로 구성할 수 있다."라고 하였다. 위 정의에서 '부정사나 분사 구조'란 설명에 유의하여 살펴보자. 이들은 동사의 변형 형태이다. 다음 예문을 보자.

(3) a. To get into university you have to pass a number of examinations.
進入大學你必須通過一系列考試。
대학에 들어가려고 하면 당신은 반드시 일련의 시험을 통과해야 한다.

b. Seeing the door open, the stranger entered the house.
那個陌生人看見門開著就進了屋子。
그 낯선 사람은 문이 열리고 있는 것을 보고 바로 방에 들어갔다.

위의 두 영어 예문은 '부정사'로 구성된 종속 복문과 '분사 구조'로 구성된 종속 복문의 예이다. 그러나 그에 대응되는 중국어의 두 예문 '進入大學你必須通過一系列考試。'과 '那個陌生人看見門開著就進了屋子。'는 모두 단문에 귀속시키는 것이 일반적이다.[15]

15 물론 번역에 따라 다를 수도 있겠으나, 아래처럼 부정사 구조나 분사 구조를 사용하지 않고 종속절 표시 관계어를 이용한 영문에 대한 중국어 대역과 같은 구조에서도 趙元任은 줄 친 부분을 대주어-대주어로 판단했을 때 전체 문장은 주술 술어문이 되어 단문이 된다-로 판단한다. (If you want to get into university… 如果你想上大學的話…), (When he saw the door open… 當他看見門開著的時候…), 趙元任(1968: 113; 1979: 65).

우리는 위의 두 비교를 통하여 영어는 문장에 대한 정의를 내리는 데 있어서 매우 동사 중심적이라는 사실을 알 수 있다. 또한 그것은 영어 현상의 실제적인 반영이며 이러한 사실은 중국어와 영어의 유형학적 특징의 차이가 개념 정의에서도 나타난다는 것이다. 중국어는 주어와 술어 사이의 일치를 필요로 하지 않고, 어법의 표현에서도 형태의 변화가 적다는 특징을 가진다. 이는 영어의 특징과 대응되는 성질이기 때문에 영어에서는 '단문, 복문'에 정의를 내리면서 '한정동사'라든지 '부정사나 분사 구조'라는 표현 방법을 사용하는 것이고, 반대로 중국어에서는 단문과 복문의 개념을 정의하면서 '주술 일치'나 동사의 형태를 변화시킨 '부정사'나 '분사 형태' 등의 구조를 이용한다거나 하는 방식의 설명은 당연히 존재하지 않는다. 중국어 단·복문의 개념에 대한 좀 더 자세한 논의는 본 장의 제2절을 참고하기 바란다.

孫良明 등의 주장도 아마 이와 같은 특징을 반영하는 주장이 아닐까? 栄麗華(2011)의 지적처럼 형태 변화 등의 특징이 단문과 복문의 경계를 구분하는 유일한 표준은 아니다. 따라서 이러한 주장과는 반대로 중국어 단·복문의 경계에 대한 논쟁에서 주도적인 위치에 있었던 것은 항상 경계를 구분하는 쪽이었다. 그렇다면 우리는 다음과 같은 사실을 추론할 수 있을 것이다. 현상이 다른 대상을 가지고 동일 '지칭'을 사용하였다면, 그 지시하는 '내용'은 다를 수 있거나 혹은 다를 수밖에 없을 것이다. 이 추론은 위 '부정사나 분사 구조'를 이용한 종속 예문의 예와 같은 언어 사실로써 어느 정도 증명이 가능하다. 영어에서는 복문으로 분류되는 현상이 중국어에서는 단문으로 분류되는 것이 가능하며 이것은 일반언어학에서는 자연스런 현상으로 이해해야 한다는 것이다.

(2) 새로운 해석

중국어의 유형학적 특징을 고려해 볼 때, 중국어는 단문과 복문의 경계를 구분할 수 없는 유형의 언어라고 규정하는 것보다는 오히려 인지적 각도에서 중국어의 단·복문 경계의 모호성을 설명하고 해석하는 것이 더욱 중국어의 언어적 사실에 부합한다는 연구들이 나타나기 시작했는데 그중에서도 원형 범주 이론을 응용한 설명이 가장 두드러진다.

張雪濤(2003; 2005; 2008)는 원형 범주 이론을 통해 중국어 단·복문에 나타나는 비전형적인 현상을 설명하고자 하였다. 중국어 단·복문 경계의 모호성을 원형 범주 이론을 이용하여 설명하고자 하는 시도는 요즘 유행하는 인지언어학의 영향이라 할 수 있을 것이다.

그럼, 원형 범주란 무엇이고 단문과 복문의 경계 구분에는 어떻게 응용이 될 수 있는 것일까? 우선 원형 범주 이론의 배경에 대하여 알아볼 필요가 있다. 원형 범주 이론이란 인지심리학적 이론을 배경으로 한 개념이다. 이 이론에 따르면, 언어는 객관 세계를 거울처럼 인간의 두뇌에 반영하는 것이 아니고, 인간의 경험의 결과를 통하여 규정화하여 가는 것이다. 따라서 이를 문법에 적용하면, "형태론이나 통사론에서 품사 유형이나 문장 성분들 사이의 관계가 반드시 이렇게 혹은 저렇게 거울에 비치듯 명쾌하게 구분되어 나타나는 것이 아니다."라고 보는 것이다.

남경희(2012)[16]는 비트겐슈타인의 철학적 기반에서 말하는 '근원 규범'을 소개하였는데, 근원 규범은 원형 범주에서 말하는 원형과 관계가 깊다고 생각한다. 근원 규범에 대한 남경희(2012)의 설명은 다음과 같

16 남경희의 강연록 「순자(荀子)와 비트겐슈타인의 언어철학」(2012년 5월 2일, 경북대)에서 인용.

다. "축구는 축구공을 매개로 한 놀이이다. 그런데 축구공은 놀이를 위한 매개체를 넘어서 축구 놀이에서 가장 기초적인 규범을 제시하는 근원 규범이다." 축구공 하면 우리는 축구와 관계된 규율들, 예를 들어 손으로 만지면 안 되거나 하는 등의 규율을 동시에 떠올리게 되는데 그래서 이를 '근원 규범'이라 칭한다는 것이다. 중국어 단문과 복문의 경계를 논의하면서 이러한 '근원 규범'에 해당하는 '원형 단문'이나 '원형 복문'은 張雪濤(2008)의 관점으로 보면 중국어의 전형적인 단문과 복문으로 간주할 수 있다는 것이다.

중국어 문장에서 단·복문의 경계가 모호한 비율이 邢福義(1993)의 통계[17]로는 42%나 되지만, 張雪濤(2008)의 원형 범주 이론의 시각에서는 그것은 자연스러운 현상이라는 것이다. 전형적인 대상 사이에는 이산성(離散性)이 강하고 비전형적인 대상들 사이에는 공통적 성질이 강하다. 즉, A(단문)라는 전형적인 대상과 B(복문)라는 전형적인 대상과는 이산성이 강하다. 따라서 전형적인 단문과 복문의 경우는 그들 간의 구분이 명확해질 수 있다. 이산성이 강하다는 것은 경계 구분 부분에서 구분 대상 간의 특성이 강하여 경계 구분이 명확할 수 있음을 의미하며, 공통적인 성질이 강하다는 것은 경계 구분 부분에서 공통 성질이 강하여 경계 구분이 모호할 수 있다는 것을 의미하기 때문이다. 張雪濤(2008)는 이와 같이 경계 구분이 모호한 단문과 복문이 많이 생기는 이유를 원형과 경제성 사이의 모순이 경쟁한 결과라는 것이다. 전형

17 邢福義(1993)는 서술체 문장 5편과 논설체 문장 3편의 텍스트를 이용하여 전형적인 단문과 복문의 경계를 구분한 후 통계를 낸 결과 평균 42% 정도가 모호한 경계에 있었다고 서술하고 있다. 이는 전형적인 단문이 30% 정도, 전형적인 복문이 28% 정도인 점을 감안하면 매우 높은 수치로, 단문과 복문 경계의 모호성의 정도를 짐작케 한다.

적인 복문을 원형으로 이해하고 이에 비해 언어 사용 중에 나타나는 압축된 형태의 압축문을 포함하여 비전형적인 형태로 나타나는 문장들을 경제성의 결과로 해석한 것으로 간주된다. 李守江(2005)과 張雪濤(2008)는 바로 이러한 관점에서 원형 이론을 중국어 단문과 복문의 설명에 적용하고 있는데 그들의 주장은 이원론적인 절대적 구분으로는 중국어 단문과 복문의 경계 구분이 불가능하다는 것이다.

한편 비교언어학적 시각에서 중국어의 단문과 복문을 설명하려는 시도도 있었다. 張會森(2000)은 비교언어학적 입장에서 "러시아어 학계와 중국어 학계가 단문과 복문을 바라보는 견해가 다르다."[18]라며, 이러한 사실에 입각하여 중국어의 현상을 설명하고 있다. 그는 중국어에서 단문과 복문의 경계가 모호한 비전형적인 예들을 '단문과 복문 사이의 과도기적 현상'으로 설명하였다. 또 《毛澤東選集》과 파금(巴金)의 장편소설 《寒夜》의 중국어본과 러시아어 번역본의 비교를 통하여, 러시아어 번역본에서 접속사를 사용한 복문의 비율이 중국어본보다 훨씬 많이 나타나는 현상의 원인을 중국어의 의합(意合)적[19] 특징으로 설명하고 있다. 이는 중국어 단·복문의 경계 구분에 대한 논쟁이 끊이지 않고 이어졌던 이유가 중국어 본연의 특징에 있다는 설명을 뒷받침해 주는 근거이기도 하다.

---

18 "俄、漢語學界對某些句子是單是複看法不一, 而漢語中單複句界限不清現象特別多, 其中有天然的糾結, 更有人爲的糾結。"

19 보통 일반언어학에서는 어법 표현 수단의 차이점에 근거해서 러시아어처럼 형태 변화가 많은 언어는 형합(形合, hypotaxis)적 특징이 강한 언어로 부류하고, 중국어처럼 형태적 변화의 수단 대신 문장 내부의 논리적 관계에 의존하는 비중이 높은 언어를 의합(意合, parataxis)적 특성이 강한 언어로 분류한다.

2. 경계 구분 및 그 기준

단문과 복문의 경계 구분을 위해서는 단문과 복문에 대한 개념 정의가 선행되어야 한다. 그리고 문장에 대한 개념 정의도 명확해야 한다. 본 장에서 정의하는 문장의 개념은 명확하다. 여기에서 말하는 문장이란 "온전한 의미를 표시하며, 앞뒤에 큰 휴지가 있는 단위"를 말한다. 이 정의는 전통 어법에서 말하는 "어법 분석의 가장 큰 단위이며, 언어 활동의 가장 작은 단위"라는 것과 차이가 없다.

1) 단·복문의 정의 및 그와 관련된 문제

중국어의 어법 단위는 5단계의 단위(語素, 詞, 短語, 句子, 句群)를 쓰는데, 여기에는 영어의 '절(clause)'에 해당하는 단위가 포함되어 있지 않기 때문에, 단문이나 복문 등에 대해 정의하거나 설명할 때 논란을 자초하는 경우가 발생한다. 아마도 중국의 대표적인 구조주의 학자인 朱德熙의 '詞組 본위설'[20] 이후 더욱 그렇다고 보아도 무방할 것이다.

(1) 단문

많은 논저들이 단문과 복문의 정의에 대하여 다루고 있지만, 이 주제를 직접적으로 다루면서 명쾌하게 설명한 학자는 張靜(1983)이다.

20 '詞組 본위설'에서는 詞組(phrase)가 적당한 언어 환경, 즉 적당한 인토네이션을 가지면 문장이 된다고 주장하기 때문에 절(clause)의 역할이 중시되지 못한 측면이 있다. 그러나 朱德熙도 "복문의 구성소인 절(clause)들 사이의 관계와 구(phrase)와 구와의 관계와 다르다는 점"을 문헌을 통해 강조한 바가 있다. 최근 들어 '절(clause)'과 '詞組(phrase)'의 기능과 화용적 차이에 대한 연구 성과가 많지만, 그의 주장은 여전히 중국어 연구에 많은 영향을 끼치고 있다.

그에 의하면 중국어 단문은 “하나의 구조 중심을 가지고, 한 개의 간단한 서술 관계를 표시”[21]하는 문장을 일컫는다. 그 밖에 다음과 같은 중국어 단문에 대한 정의들은 모두 현대중국어 교육에 많은 영향을 끼친 책이나 학자들이 내린 것이다.

> “가장 간단하게 완전한 뜻을 표시할 수 있는 문장”[22]
> “주어와 술어 두 부분으로 이루어지거나, 단독 단어문이나 무주어문처럼 술어 한 부분으로만 이루어진 문장”[23]
> “단독 단어문, 무주어문, 주술문을 모두 단문(簡單句)이라 할 수 있다.”[24]
> “하나의 주술 구조로 결합된 문장이 단문이다.”[25]

(2) 복문

단문에 대한 정의는 간단하고 일반적으로 별다른 이견이 없지만, 복문에 대한 정의에는 여러 가지 주장이 존재한다. 다음은 논쟁의 대상이 되었던 정의들이다.

먼저 王維賢의 정의이다. “복문은 단문보다 더 복잡한 언어형식으로, 비록 복문을 구성하는 단문이 독립된 단문과 형식적으로 다르긴 하

21 “單句是有一套結構中心、表示一個簡單的表述關係的句子。”

22 “能夠最簡單的表達一個完整意思的單位就是一個句子。這種句子叫作單句。”(張志公, 《漢語語法常識》, 30쪽)

23 단독 단어문의 예: “蛇!”, 무주어문의 예: “下雨了。”, “一般雙部句(即具備主語、謂語兩部分的句子)和單部句(即只有謂語沒有主語的無主句和獨詞句)都叫單句。”(《漢語》, 제3책, 33쪽)

24 “對複合句而言, 單詞句、無主句、主謂句可以合稱簡單句。”(丁聲樹 등, 《現代漢語語法講話》, 131~132쪽)

25 “只包含一個詞結, 的是簡句, 含有两個或更多的詞結的是繁句。”(呂叔湘, 《中國文法要略》, 88쪽)

지만, 복문은 단문으로 구성된다."[26] 이 정의는 '복문은 단문으로 이루어진다.'라는 오해를 초래할 수 있는 정의이다. 아래는 黃伯榮·廖序東의 《現代漢語》에서 내린 정의이다.

"복문은 두 개 이상의 의미적으로 관련이 있고 구조적으로 서로 내포하지 않는 단문 형식으로 이루어진 문장이다."[27] 이는 단문 형식이라는 용어를 사용하고 있다는 점에서 王維賢의 정의에서 논쟁을 일으켰던 '복문은 단문이 모여 구성된다'는 논리적 모순에서 벗어날 수 있는 정의이다. 필자는 이 견해에 동감하며, 단문이 모여서 복문을 만든다는 식의 정의에는 모순이 있다고 생각한다. 왜냐하면 단문과 복문은 모두 문장이라는 단위로서는 동등한 지위를 가진다고 보기 때문이다.

일반적으로 복문이란 "두 개 혹은 두 개 이상의 서로 간에 주종 관계가 아닌(즉 주술 구조와 같은) 구절(clause)로 구성되고, 두 개 이상의 의미 관계를 표시하며, 구절 사이에는 쉼표로 표시되는 휴지가 있고, 관계 표시의 접속사로 연결되는 문장"을 말한다. 중국어 문장은 단문과 복문으로 분류되며, 단문은 주술문과 비주술문으로, 복문은 보통 8~10가지의 하위 분류를 둔다. 복문에 대한 분류 기준과 구체적 하위 유형은 중국의 어문 교육에 영향력이 큰 대부분의 교재를 참고하며, 제1층차에서는 주종복문과 병렬복문 2분법으로 나누고, 제2층차에서는 주종관계일 경우 '전환, 조건, 가설, 인과' 등으로, 병렬관계일 경우 '순접, 선택, 점층, 전환' 등의 유형으로 분류하고 있다.[28] 복문은 다항의 절로

---

26 "複句是比單句更爲複雜的語言形式, 複句的結構成分是單句, 雖然構成複句的單句在形式上同獨立的單句有或多或少的差別。"[周鵬程(2001)에서 재인용]

27 "複句是由兩個或幾個意義上相關、結構上互爲不包含的單句形式組成的句子。"[周鵬程(2001)에서 재인용]

28 邵敬敏(2007)과 榮麗華(2011)에서는 이들 교재들의 자세한 복문 분류 기준과 유형

구성되었을 때 직접 의미 관계를 맺는 순서에 따른 층차가 있다. 한 개의 층차로 된 복문을 단일복문(一重複句)이라 하고 여러 층으로 이루어진 복문을 다중복문(多重複句)이라 한다. 다중복문을 이해하는 데 가장 중요한 것은 첫째, 층차 관계를 파악하는 것이고, 둘째, 각 층차 내에서 직접 성분 사이의 의미 관계를 파악하는 것이다.

복문의 구성과 층차 관련 내용은 우리의 중국어 관련 과목의 교육에서도 매우 중요한 의미를 가진다. 우리가 중국어 단문과 복문을 교육할 때 단·복문의 단순한 구분이 중요한 것이 아니다. 단문일 경우에 문장 성분 간의 관계를 통해서 문장을 분석하고, 복문일 경우에는 층차 문제와 각 층차의 직접 성분 요소인 절(clause)들 간의 논리적인 관계를 파악하는 것을 우선시하여야 할 것이다. 아래 예문을 보고 복문의 교육에서 무엇이 강조되어야 할 것인가를 살펴보면 훨씬 이해가 쉬울 것이다. 이 예문은 1990년대 중반에 베이징의 '독학(自學)' 시험에 실제로 "다중복문을 분석하시오."라는 내용의 어법 문제로 출제되었던 예문이다.

(4) 人人皆知以多勝少是最好的辦法，然而很多人不能做到，相反地每每分散兵力，原因就在於指導者缺乏戰略頭腦，爲複雜的環境所迷惑。[29]

위 예문은 모두 3개의 층차로 이루어진 다중복문이다. 이 문제의 해답을 구하기 위해서는 우선 이 문장의 의미 파악을 하여야 한다. 의미 파악이 선행되어야 전체 문장의 층차를 분석할 수 있기 때문이다. 사실

에 대하여 상세한 설명을 하고 있다. 본 장에서는 단문과 복문의 개념 정의와 구분에 그 목적이 있으므로 이 문제와 관련해서는 다른 지면을 이용하여 상술하기로 한다.

29 이 시험에서 어법 총점 34점 가운데 복문 분석 문제가 2개 있었고 각 4점이 배점되었다. 중국 어문 교육에서 복문 교육의 내용과 중요성을 짐작할 수 있다.

복잡한 문장에 있어서 문맥의 전후를 판단하는 것은 쉬운 일이 아니다. 그럼, 위 예문을 다음과 같이 분석한 후 비교해 보자.

(5) 人人皆知以多勝少是最好的辦法, |(1전환)然而很多人不能做到, |||(3점층)相反地每每分散兵力, ||(2인과)原因就在於指導者缺乏戰略頭腦, |||(3병렬)爲複雜的環境所迷惑。

위 예는 출제자의 의도대로 해답을 적어 넣은 후의 예문이다. 실선을 한 줄 그은 것은 제1층차를 표시하며, 이때 직접 성분 간에는 '전환' 관계의 의미 구조를 이룬다는 것을 뜻한다. 실선 두 줄은 제2층차로 '인과' 구조를 나타내며, 실선 세 줄은 제3층차로 '점층', '병렬'의 의미 관계로 구성된다는 것을 의미한다. 층차 및 각 층차 내부의 의미 관계가 확정되었다는 것은 이 문장의 의미가 완벽하게 파악되었다는 것을 뜻한다. 이제 이 예문에 대한 우리말 대역을 살펴보도록 하자.

사람들은 많은 수로 작은 것을 이기는 것이 가장 좋은 방법임을 알면서도, 많은 이들이 그렇게 하지 못하고 오히려 늘 병력을 분산시키는 것은, 지도자들이 전략적인 두뇌가 결여되어 있고 복잡한 환경에 현혹되기 때문이다.

즉, 다중복문에서 우리의 교육 목표는 다른 데 있는 것이 아니고, 우선 층차를 분석하고 그 다음에 각 층차에서 직접 성분들 사이의 의미 관계를 파악하는 것이 중요하다는 점이다. 이는 곧 문장에 대한 의미 파악과 함께, 관련 접속사에 대한 교육이 중요한 부분을 차지해야 한다는 것이다.

(3) 단문과 복문의 정의와 관련된 문제

① 어법 단위 문제: 구(phrase, 詞組)와 절(clause, 分句)

Louis Alexander(1988)는 다음과 같이 영어의 단문을 정의하였다.

> A sentence which contains one clause is called a simple sentence.[30]

또 Louis Alexander(1991: 3)에서는 아래와 같이 정의한다.

> 只有一個小句的句子稱爲簡單句。

즉 Louis Alexander는 "하나의 절로 이루어진 문장을 단문이라 한다."고 영어 단문을 정의하였다. 단문에 대한 정의에 쓰인 영·중·한 3종의 언어에는 'clause', '小句', '구절'이라는 용어가 각기 등장하고 있다. 그러나 중국의 전통 어법에는 어법 단위에 영어의 'clause'에 해당하는 단위가 없다. 전통 어법에서 다루는 단위로는 '語素(형태소), 詞(단어), 詞組(구절), 句子(문장)'[31]의 4단계 단위가 있으며, 여기서 말하는 詞組(구)는 영어의 'phrase(詞組)'에 해당하며 'clause'가 아니다. 앞에서도 언급하였지만, 영문법의 기본 단위는 보통 'morpheme(詞素), word(詞), phrase(詞組), clause(分句), sentence(句子)의 5단계 단위이다. 문제 발생의 단초는 여기에 있다고 볼 수 있다.

---

30 Louis Alexander(1988: 2)를 참고. Louis Alexander(1988: 2)는 원서의 2쪽을 뜻하고, 또 Louis Alexander(1991: 3)은 이 책의 번역본의 3쪽을 뜻함.

31 《中學教學語法系統提要(試用)》에서는 5단계 단위를 사용하지만, 더 부가된 단위는 상급 단위인 텍스트(句群, text)이다. 《暫擬漢語教學語法系統》(1956)에 수정을 가하여 1984년 중국 교육부가 반포한 것으로 중국 어문 교육의 강령이라 할 수 있다.

② 용어 문제: 문장 형식, 생략과 내포(隱含)

중국 학자들은 복문에 대한 정의를 내리면서 초기에는 복문의 구성단위를 단문이라 하였다가 후에 복문의 구성단위를 문장 형식[32]이라고 하였다. 단문이나 복문이나 모두 하나의 문장이라는 입장에서는 동일 층위의 동등한 자격을 갖는 단위이다. 따라서 복문을 정의하면서 '단문이 복문의 구성 요소'라고 설명하는 것은 타당치 않다. 문장 형식이란 말은 문장이라는 말에 대응되는 용어로서 경우에 따라서 문장으로서 기능할 수 있는 형식을 갖추고 있다는 말이다. 즉, 완결되지 않은 형식을 뜻하는 말로 '단문 형식'과 '복문 형식'을 비롯하여 '小句', '分句', '準句', '準單句' 등의 내용을 모두 포함할 수 있는 용어이다. 생략과 내포의 개념은 楊必勝(1983)의 글에서 이 용어의 개념 차이를 구체적으로 설명하였는데, 이는 단문과 복문의 경계를 구분하는 데 도움을 준다.

2) 단·복문 경계 구분의 기준

단문과 복문의 구분에 대한 논쟁 과정에서 두 유형 간의 구분과 그 기준에 대하여 많은 언급이 있었지만, 이를 몇 가지 다른 각도에서 귀납 정리하면 다음과 같다.

(1) 구조적 특징

우선 단문과 복문의 구분을 전제로 하면, 구조적 특징은 크게 두 가

32 朱德熙는 《語法講義》 23쪽에서 "그러나 때로는 단문 내부에도 복문의 형식을 내포할 수 있다.(可是有的時候單句內部可以包含複句的形式。)"라며 다음과 같이 복문 형식 내포문의 예를 들었다. "你得藏在一個[他看不見你, 你看得見他]的地方。"

지를 주의할 필요가 있다. (1) 兩者의 구성단위가 다르다. 복문의 구성단위는 절(clause)이고 단문의 구성단위는 단어나 단어의 조합인 구(phrase)이다. (2) 복문의 각 절 사이는 서로 내포 관계가 아닌 독립 구조이고, 단문은 그 구조의 핵심이 하나로 보통 주술 구조로 이루어진다. 이 두 가지를 쉽게 구별해 주는 형식적인 표지로는 '문장 부호', '동격 성분', '접속사' 등을 들 수 있다. 그리고 특히 주의해야 할 부분이 '특정 성분이 문장 가운데에서 어떻게 기능하는가?' 하는 것이다. 대표적인 것으로 '문두성분'의 기능과 내포문의 기능을 살피는 것이 중요하다. 이에 대해서는 본 장의 제3절에서 상세히 서술한다.

(2) 관련 접속사

복문의 조합 방식에는 보통 두 가지가 있다. 접속사 없이 의미에 의한 조합으로 이루어지는 경우와 관련 접속사의 도움으로 복문이 이루어지는 경우이다. 따라서 이런 접속사는 문장이 단문인지 복문인지를 판별해 주는 중요한 기준의 하나가 된다. 그래서 복문에 대해 교육할 때 이러한 논리적인 관계를 나타내 주는 접속사에 중점을 두어 교육하는 것이 바람직하다. 연결 관계는 복문의 하위 범주에 나타나는 '전환', '조건', '가정', '인과', '순접', '선택', '점층', '전환' 등의 유형이 있다. 예를 들어, '不但朋友們來找他, 而且先生也來找他。'에서 '不但'과 '而且'는 점층 관계를 나타내며, 이를 통해 우리는 이 문장이 복문임을 알 수 있다. 그러나 趙元任(1979: 62)이 "접속사는 (병렬) 복문을 판별하는 필요충분조건이 될 수는 없다."라고 언급하였듯이, 접속사가 있는데도 복문인지 여부를 판단하기 위하여 다른 요소를 검토해야 하는 경우가 발생하기도 한다. 특히 '無論……都……', '只有……纔……' 등의 접속사는 복문과 단문에서 모두 사용이 가능하기 때문에 주의해야 할 접속사들이다. 다음은 이들이 단문과 복문에 모두 쓰인 예이다.

(6) 無論姥姥、母親、父親和我，都沒人反對女孩子這個正當的要求。(孫犁, 《白洋澱紀事》)[33]
할머니, 어머니, 아버지와 나, 그 누구도 이 소녀의 정당한 요구를 반대하지 않았다.

這種愛只有他纔知道。
이런 사랑은 그만이 이해할 수 있다.

(7) 無論你去什麼工作都應該了解這些道理。
네가 어떤 일을 하든 상관없이 이 이치는 반드시 알아야 한다.

只有努力工作纔能實現自己的價值。
노력해서 일해야 자기의 가치를 실현할 수 있다.

(6)의 두 예는 주술 구조의 단문이며, (7)의 두 예는 가정과 조건의 논리 관계를 연결하는 복문으로 쓰였다. 특히 (7)의 첫째 예문의 경우, '無論……都……'는 주어를 구성하는 몇 부분이 예외가 없음을 표시하는 의미 통합의 역할을 하고 있다.

(3) 음성적 특징

중국어 단문과 복문을 구분하는 음성적 특징으로는 휴지(pause)와 억양(intonation)을 들 수 있다. 이는 한 문장인지 두 문장인지를 판단하는 기준이 되기도 하며, 병렬 관계에 있는 구나 절 사이에 두는 음성

---

33 張洪超(2000: 67)에서 재인용.

휴지의 경우, 단문과 복문 구분의 기준으로 삼을 수도 있다. 휴지는 쉼표나 마침표 등을 포함하는 문장 부호로 표시될 수 있다. 억양은 병렬 구조의 복문에서 서로 대응되는 절 사이에서 음성적인 대응 특징을 보이는데, 이는 중국어에서 복문 판단의 기준이 될 수 있다. 예를 들어, '一個人付錢, 一個人收錢。', '上船的上船, 上岸的上岸。'처럼 의미나 구조상 서로 평행적인 병렬 구조를 이룰 때 그 억양은 전후 간에 조화를 이루게 한다.[34]

3. 경계 구분 기준의 적용 예시

경계 구분의 기준이 정해지더라도 실제 적용 과정에서는 단문과 복문에 대한 판단이 여전히 애매한 문장들이 많이 나타난다. 본 장에서는 이들 경계가 모호한 예문을 들어 구체적인 분석을 통하여 저자의 견해를 제시하고자 한다. 그 이유는 위에서 이미 경계 구분의 기준을 제시하였으나, 이 기준들이 종합적[35]으로 작용하기 때문에 이러한 작업이 중국어 단·복문의 경계 구분을 이해하는 데 효과적이라고 판단되기 때문이다.

이러한 문장 유형들은 중국어 회화 작문이나 어법 교육에서도 자주 등장하는 중요한 유형들이다. 따라서 중국어 특징을 이해하고, 중국어의 규칙을 이해하는 데 도움이 된다면, 복문의 하위분류는 의도하는 바에 따라 편차가 생겨도 무방할 것이다.

---

34 趙元任(1968: 106)을 참조.

35 종합적이란 말은 판별 과정에서 하나의 기준이 단독적으로 작용하는 것이 아니라는 의미를 담고 있다.

1) 문두성분

문두성분이라는 것은 대부분 처음 쉼표로 표시되는 성분을 말하지만, 때로는 아래의 첫 번째 예와 같이 쉼표 없이 설명 대상(吃飯睡覺)이 되어 후속 성분과 주술 관계를 이루기도 한다.

(8) a. 吃飯睡覺都在一間小屋子裏。[趙元任(1991)]
밥을 먹는 것과 잠을 자는 것은 모두 하나의 작은 방에 한다.

b. 維持生活，得有的吃，有的穿，有的住。[趙元任(1991)]
생활을 유지하려고 하면, 먹는 것, 입는 것, 사는 것이 있어야 한다.

위 예문에서 문두성분이 주술 구조인가, 문두성분이 주술 구조일 때는 이 주술 구조가 전체 문장에서 문장 성분으로 기능하는가, 아니면 논리적 관계를 이루는 복문 중의 한 절로 기능하는가를 우선 판단하여야 한다. 예문 (8a)의 경우는 단문이 되고, 예문 (8b)의 경우는 복문이 된다. (8a)는 병렬주어인 '吃飯睡覺'과 '都在一間小屋子裏。'가 주술 구조를 이룬다. (8b)는 주어 '維持生活'와 병렬술어인 '得有的吃，有的穿，有的住'가 주술 구조를 이룬다.[36]

아래 예문 (9)는 趙元任(1991: 62)에서 '평행적 구조(平行的結構)'가 복문의 표지 기능을 한다는 예로서 제시된 문장이다.

(9) 一個人付錢，一個人收錢。
한 사람은 돈을 지급하고, 한 사람은 돈을 받는다.

36 趙元任(1991: 63)을 참고.

그러나 위 예문의 문두에 다음과 같이 서로 다른 종류의 성분이 왔을 때는 그 문두성분의 형태와 기능을 참고하여야 한다.

(10) a. 他有兩個兒子，一個大三，另一個大一。
그는 아들이 두 명 있는데, 한 명은 대학교 3학년이고, 또 한 명은 대학교 1학년이다.

b. 他的兩個兒子，一個大三，另一個大一。
그의 두 아들은 한 명은 대학교 3학년이고, 또 한 명은 대학교 1학년이다.

위 예에서 예문 (10a)는 문두성분이 주술 구조이고 또한 후속 성분의 설명 대상도 아니기 때문에 (전통 어법에서 해설 복문으로 분류했던) 복문이다. 그러나 예문 (10b)는 문두성분이 후속 성분들에 대한 설명 대상으로 복문 형식의 구조가 술어 기능을 하는 단문이다.

2) 복문 형식의 내포문

내포문이 포함된 문장을 단문으로 볼 것인가 복문으로 볼 것인가에 대해서는 아직까지 이견이 많다. 필자는 중국어가 형태적 특징이 두드러지지 않다는 점에서 내포문을 하나의 문장 성분과 같이 취급하였다. 예를 들면 다음과 같다.

(11) 你得藏在一個[他看不見你，你看得見他]的地方。(《語法講義》, 23쪽)
너는, 그가 너를 보지 못하고 너는 그를 볼 수 있는 곳에 숨어야 한다.

예문에서 괄호 [ ] 안에 표시한 '他看不見你, 你看得見他'는, 독립되어 '他看不見你, 你看得見他。'로 쓰일 때에는 문장으로 간주되어 복문으로 판단되지만, 위 예문처럼 문장 속에 내포되어 문장의 독립성이 취소될 때에는 일개의 문장성분(즉, 한정어) 기능을 하는 것으로 판단된다. 이러한 복문 형식의 내포문은 목적어가 되는 경우도 있다. 다음의 예는 복문 형식의 내포문이 목적어로 쓰인 경우이다.

(12) '來'用在動詞結構(或介詞結構)與動詞(或動詞結構)之間, 表示前者是方法、方向或態度, 後者是目的。(《現代漢語詞典》, 508쪽)[37]
'來'는 동사구조(혹은 개사구조)와 동사(혹은 동사구) 사이에 사용하여, 전자는 방법, 방향 혹은 태도를 나타내고, 후자는 목적을 나타낸다.

魯迅雜文的特點是不但內容深刻, 而且諷刺尖銳。(《표준 중국어 교과서》, 5, 106쪽)
노신 잡문의 특징은 내용이 심각한 것뿐만 아니라, 풍자도 날카롭다.

예문에서 밑줄 친 부분은 모두 복문 형식의 성분이다. 복문 형식의 '前者是方法、方向或態度, 後者是目的'가 동사 '表示'의 목적어로 쓰였고, '不但內容深刻, 而且諷刺尖銳'는 판단동사 '是'의 목적어로 쓰였다. 그리고 드물지만, '不僅學生, 而且老師也需要參加這次大會。'와 같이 복문 형식의 내포문이 주어로 쓰이는 경우도 있다.

37 중국사회과학원 언어연구소 사전편집실에서 펴낸 《現代漢語詞典》(제5판)의 표제어 '來'에 대한 풀이 중에서 ⑦ 의미항목(義項)의 설명에서 "用在動詞……"를 시작 부분(주어 자리)에, 표제어 '來'를 주어로 삼았다.

3) 접속사

접속사의 기본 기능이 복문 속에서 문장들을 연결하고 문장들 사이의 의미적인 연결과 어법 관계를 표시하는 것임은 주지의 사실이다. 접속사가 쓰인 문장을 복문으로 분류하고, 다시 복문의 하위 유형을 분류할 때 접속사의 기능을 기준으로 나누는 경우가 많다. 따라서 접속사는 단문과 복문을 나누는 중요 표지 가운데 하나가 된다. 그러나 宋玉柱(1986)는 黃伯榮·廖序東의 《現代漢語》를 인용하며 '無論……都……', '只有……纔……', '就是……也……' 등은 단문과 복문에 두루 나타나 혼동을 초래하는 경우가 더러 있다고 지적한다. 따라서 접속사도 중국어 단·복문 구분의 완벽한 기준은 아니라는 점에 주의해야 한다. 張洪超(2000)도 관계 표시 접속사가 단문에서 쓰이는 현상을 연구하였고, 樓志新(2008) 또한 접속사가 쓰인 단문을 복문으로 오판하는 경우를 구체적으로 제시하였다.

4) 문장부호(쉼표)

쉼표는 복문에서 절 사이에 표시어로 기능한다. 그러나 쉼표가 모두 절을 표시하지는 않는다는 사실을 아래 예문을 통해 알 수 있다.

(13) 周總理在全國四屆人民代表大會上向全國人民提出的本世紀內全國實現農業、工業、國防和科學技術的現代化(,) 把我國建設成爲社會主義的現代化強國的宏偉規劃, 反映了我國各族人民的共同願望。[38]

주 총리가 전국 제4차 인민대표대회에서 전국 인민을 향해 내놓은 본 세기 안에 전국적으로 농업, 공업, 국방과 과학기술의 현대화를 이루어 우리나라 건설을 사회주의의 현대화로 이끌겠다는 위대한 계획은, 우리나라 각 민족의 공통된 희망을 반영한 것이다.

위 예문은 길지만 하나의 단문인 문장이다. 주술 구조의 직접 성분은 ① '規劃' 앞에 나온 전체와 ② '反映了' 뒤의 후속 성분으로 나뉜다. ① '周總理在全國四屆人民代表大會上向全國人民提出的本世紀內全國實現農業、工業、國防和科學技術的現代化(,) 把我國建設成爲社會主義的現代化強國的宏偉規劃'는 주어가 되고 ② '反映了我國各族人民的共同願望'는 술어가 된다. 따라서 예문에서 괄호 속의 쉼표(,)는 예문에서 절을 나누는 기능을 하지 않는다. 따라서 모든 쉼표가 다 복문에서와 같은 절을 나누는 기능을 하지는 않음을 알 수 있다.

5) 동격문(複指句)[39]

중국 어문 교육에 영향을 많이 끼치는《中學教學語法系統提要(試用)》은 '대명사 지시문(稱代複指)'과 '총합분리 지시문(總分複指)'의 두 가지 유형의 동격문을 예시하고 있다. 이 책에서는 전자의 예로 예문 (14), (15), (16)을, 후자의 예로 예문 (17), (18)을 들고 있다.

---

38 이 예문은 중국 모 중등교원의 칼럼을 인용한 것이다. 비록 칼럼의 필자가 예문의 주어를 '規劃'으로 판단한 점은 잘못이나, 예문을 단문으로 판단한 필자의 주장은 옳다. 중국 어문 교육에서 단문과 복문의 구분이 여전히 난제임을 보여 주는 예라고 판단된다. http://www.hf48zx.com/html/ywzyk/201012317939609.html을 참고.

39 "童年, 這是多麼美好的時光啊!"와 같이 문두성분을 지시대명사가 다시 지시하는 문장을 동격문이라 하기로 한다.

(14) 這個人我認得他。
이 사람을 나는 안다.

(15) 童年, 這是多麼美好的時光啊!
어린 시절, 이 얼마나 아름다운 시간인가?

(16) 飛沙像山一樣壓下來, 那在大戈壁裏是不稀罕的。
날아드는 모래가 마치 산처럼 내리누르는데, 그것은 고비사막에서는 드문 일이 아니었다.

(17) 他的兩個姐姐, 一個是醫生, 一個是演員。
그의 두 누나는 한 명은 의사이고, 다른 한 명은 연기자이다.

(18) 遊園的人很多, 有的看電影, 有的猜燈謎, 有的帶孩子去兒童樂園。
정원에는 많은 사람들이 있었다. (그들 중) 어떤 이는 영화를 보고, 어떤 이는 등롱 수수께끼 맞추기를 하고, 어떤 이는 아이를 데리고 놀이터를 간다.

위 예문들의 단·복문 귀속에 대하여 일반적으로 문두성분이 주술구조이면 절이 되어 전체 문장은 복문이 되고,[40] 문두성분이 명사성 성분이면 단문으로 주술(술어)문으로 분석한다. 따라서 예문 (14), (15), (17)의 예는 문두성분 '這個人', '童年', '他的兩個姐姐'가 모두 명사성 성분이므로 전체 문장의 주어로 기능하며, 예문 (16), (18)의 경우는 문두성분 '飛沙像山一樣壓下來', '遊園的人很多' 자체가 각각 주술 구조로 이루어져 있다. '飛沙像山一樣壓下來'의 경우 '주(飛沙)술(像山一樣壓下來)'의 구조이고, '遊園的人很多'의 경우 '주(遊園的人)술(很多)'의 구조이다.

이 외에도 동격문에는 '총합설명' 부분과 '분리설명' 부분으로 이루

40 胡裕樹, 黃伯榮·廖序東 등의 《現代漢語》, 高更生의 《漢語教學語法研究》 등이 그렇다. 張雪濤(2005a: 80)을 참조.

어지는 '총합분리(總分句)'란 주의해야 할 문형이 있다. 다음과 같은 예가 이에 해당된다.

(19) a. 我的兩本書, 一本是「紅岩」, 一本是「母親」。[張雪濤(2005a)]
나의 책 두 권은, 하나는 《홍암(紅岩)》이고 또 하나는 《모친(母親)》이다.

b. 我有兩本書, 一本是「紅岩」, 一本是「母親」。[張雪濤(2005a)]
나는 책 두 권이 있는데, 하나는 《홍암(紅岩)》이고 또 하나는 《모친(母親)》이다.

위 예문은 후속하는 다항(多項, 여기서는 두 개)의 절이 부분적으로 나뉘어 전체 문두성분을 설명하는 문형이다. 첫째 예문의 문두성분은 명사성 구조이고, 둘째 예문의 문두성분은 주술 구조이다. 이에 대하여 중국 어법학계에서는 역대로 이견이 분분하다. 이에 대한 필자의 입장은 우선 문두성분과 후속성분과의 관계를 분석해야 한다고 본다.[41] 전자의 경우, '我的兩本書'는 후속하는 병렬 관계의 두 절 '一本是「紅岩」, 一本是「母親」'의 대상주어가 되어 단문으로 분석된다. 후자의 경우, '我有兩本書'는 주술 구조로 다항 후속절의 대상주어로 판단할 수 없다. 이는 복문으로 분석된다. 제1층차의 구조는 '전체("我的兩本書")'와 '(두) 부분("一本是「紅岩」", "一本是「母親」")'의 해설 관계로 구성되었고, 제2층차에서 서술 성분은 병렬 관계의 두 절로 구성되었다.

본 장에서는 중국어 단·복문의 경계 구분을 두고 이뤄진 선행 연구들을 고찰하고 분석하였다. 그리고 그러한 기초 위에 필자는 본 장에서 일부 새로운 경계 구분 기준을 제시하여 기존 논쟁의 발단이 되었던 일

41 張雪濤(2005a: 82)에서도 비슷한 견해를 볼 수 있다.

부 구체적 문장들에 대하여 단문인지 복문인지를 구분해 보았다. 이는 중국어 교육 현장에서 실제 활용할 수 있는 자료로 제공하여, 교육자와 학습자의 중국어 문장 구조에 대한 이해를 돕고, 더 나아가 단문과 복문의 경계를 구분하는 데 도움을 주고자 함이다.

단문과 복문의 경계를 구분할 때 우리는 다음과 같은 사실에 주의하여야 한다.

첫째, 중국어 문장의 분석 과정에서 단문의 경우는 단어의 조합 관계, 복문의 경우는 의미 연결의 논리적 관계에 초점을 맞추어, 단문과 복문을 분석할 때 그 주안점을 달리 하여야 한다는 것이다.

둘째, 단문과 복문이 문장이라는 지위에서는 모두 평등한 관계에 있다는 사실이다. 단문과 복문이 평등한 관계라는 사실은 문장 형식이라는 용어를 빌려 표현하는 경우가 많다. 문장 형식이란 '단문 형식'과 '복문 형식'을 포함하는 개념이다. 따라서 문장 구성은 '복문 형식'의 구조가 단문 내에서 한 문장 성분으로 기능할 수도 있고, 복문이 몇 개의 '단문 형식'으로 이루어질 수도 있다.

사실 중국어 교육의 입장에서 볼 때, 어떤 특정 문장에 대하여 이것이 단문인지 복문인지 판별하는 일이 가장 중요한 목적이 되는 것은 아니다. 오히려 단·복문의 구분에 앞서 중국어의 전형적인 단·복문에 대한 이해가 선행되어야 하며, 또한 이를 바탕으로 그들 사이의 경계 구분 기준을 종합적으로 적용하고, 다각적인 관찰을 통하여 구성 요소들의 기능과 구성 요소들 간의 의미 관계를 파악하는 노력을 더 기울여야 한다. 그리하여 최종적으로 그 문장의 구조와 의미를 완벽하게 이해하는 것이 중국어의 단문과 복문에 대한 교육의 목표가 되어야 할 것이다.

마지막으로 본 장에서 주로 논의하였던 내용을 다음과 같이 정리하여 이해의 편의를 도모하고자 한다.

1. 중국어 단문과 복문 구분에서 그 논쟁의 원인을 내부적인 요인과 외부적인 요인으로 나눠 볼 수 있었다. 내부적인 요인으로는 중국어 자체의 유형학적 특징이 자리하고 있었고, 외부적 요인으로는 영문법과 일치하지 않는 용어에서 파생된 문제와 어법 단위의 차이에서 오는 문제가 있었다.
2. 원형 범주 이론의 시각에서 보면 중국어 단·복문의 경계가 모호한 비율이 40%를 넘는 것은 일반언어학적 관점에서 볼 때 자연스러운 현상으로 이해될 수 있다.
3. 전형적인 단문과 복문의 경우는 그들 간의 구분이 명확하다. 그러나 단문과 복문의 경계가 모호한 것은 전형적인 원형과 경제성을 추구하는 언어행위 사이에서 나타난 경쟁의 산물이라고 볼 수 있다.
4. 단문과 복문의 판별 기준인 '구조적 기준, 의미적 기준, 음성적 기준' 등은 종합적으로 적용하여야 한다.
5. 단문이나 복문이 하나의 문장이라는 입장에서는 동일 층위의 동등한 자격을 갖는 단위이다. 문장형식이란 말은 경우에 따라서 문장으로서 기능할 수 있는 형식을 갖추고 있다는 말이다.
6. 단문과 복문은 분석적인 측면에서 그 초점이 다른데, 단문에서는 각 구성 성분의 분석에 주안점을 두고, 복문은 층차 구분과 의미관계의 분석에 주안점을 둔다.

제6장 | 중국어 주술 술어문

중국의 중등 교학 어법에서는 술어(謂語)의 유형에 근거하여 중국어 단문의 주술문을 '동사 술어문', '명사 술어문', '형용사 술어문', '주술 술어문'의 네 가지 유형으로 분류하고 있다. 본 장에서는 그중에서 '주술 술어문'에 대하여 설명하고자 한다.

1. 주술 술어문에 대한 기존 연구

주술 술어문이란 아래 예시한 예문 (1)~(12)처럼 주술 구조가 술어를 담당하는 문장을 통칭한다. 우리 국어학에서는 이를 '주격중출문' 혹은 '이중주어문'이라고도 부른다. 주술 술어문은 엄격한 의미의 어법 형태가 발달되어 있지 못하고 또 고립어라는 유형적인 특징을 가지는 중국어의 특성을 잘 보여 주는 중요한 문형으로, 고대중국어와 현대중국어에서 모두 출현 빈도가 높다. 본 장에서는 필요에 따라 고대중국어의 예를 많이 제시하여 주술 술어문의 특징을 살펴보고자 한다.

먼저 다음의 예를 통해 기존 연구 내용을 보자.

(1) 她頭發長。

그녀는 머리가 길다.

(2) 明天我們開學。

내일 우리는 개학한다.

(3) 這次考試，他沒有考好。

그는 이번 시험을 잘 못 치렀다.

(4) 這副眼鏡我看書用。

이 안경을 나는 책을 보는 용도로 사용한다.

(5) 小王我已經告訴他了。

나는 이미 샤오왕에게 말해 주었다.

(6) 什麽地方我都去過。

어디든 나는 모두 가 보았다.

(7) 他，說漢語比我快，說英語比我慢。

그는 중국어로 말하는 것은 나보다 빠르고 영어로 말하는 것은 나보다 느리다.

(8) 當老師可難啦。

선생님 노릇 하기가 정말 어렵다.

(9) 說漢語，他說得比我快。

중국어로 말하는 것은 그가 나보다 빠르다.

(10) 說漢語，他說得比我快，她說得比我慢。

중국어로 말하는 것은 그는 나보다 빠르고, 그녀는 나보다 느리다.

(11) 學漢語，北京最好。

중국어를 배우기는 북경이 제일 좋다.

(12) 遊蒙古，夏天最合適。

몽고 여행은 여름이 제일 적합하다.

주술 술어문에 대한 기존 어법학계의 연구는 활발했으나 현상을 분석하고 해석하는 문제에서는 학자 간에 아직도 이견이 분분하다. 그렇기 때문에 그들의 연구 성과가 실제 중국어 교육 현장에서는 제대로 적용되지 못하고 있는 실정이다. 따라서 필자는 이러한 문제점이 나타나게 되는 이유에 대하여 나름대로의 관점을 제시하여 주술 술어문과 관련된 연구와 교육에 참고 자료로 활용되기를 희망한다.

주술 술어문에 대해서는 일찍이 1898년에 馬建忠이《馬氏文通》에서 이미 이러한 현상에는 주의를 기울이고 있으나 그에 대한 자세한 설명은 하지 않았다. 殷志平(1996)에 의하면, 1920년대 초에 들어서면서 陳承澤, 黎錦熙 등에 의해 이러한 언어 현상들이 어법학자들 사이에서 인식된 것으로 보인다. 그 후 1940년대 들어서면서 呂叔湘과 王力 등의 학자들이 주술 술어문에 대하여 많은 주의를 기울이게 되었다. 특히 王力은 주술 술어 안의 명사는 반드시 사람이 소유하는 사물만을 일컫는다고 하여 그 범위를 지극히 한정시킨 학자 중의 하나다. 1950년대 들어서 중국 언어학계에서는 주어와 목적어에 대한 논쟁이 진행되면서 주술 술어문에 대한 학자들의 연구가 한층 심화되었고, 그 범위 또한 크게 확대되었다고 볼 수 있다. 주의할 만한 점은 1952년과 1953년 사이에 중국사회과학원 언어연구소 어법그룹(小組)이《中國語文》에 발표한 「講話」에서 공식적으로 '주술 술어문(主謂謂語句)'이란 명칭을 사용하였다는 점이다. 그 후 이 '주술 술어문'은 중국 어문 교육에서 중국어 문장의 기본 문형으로 자리잡게 되었고, 현재까지도 이러한 분류는 중등 어문 교육에서 그대로 이어지고 있다. 주술 술어문이란 술어 앞에 주어로 여길 만한 성분이 두 개가 존재하는 것을 말한다. 이에 대하여 1955년에 張其春은《語文學習》1955년 10월호에서 전체 문장의 주어를 '대주어(大主語)'라 칭하고, 주술 구조로 된 술어 부분에 보이는 주어를 '소주어(小主語)'라고 칭하였다. 이 견해는 후에 큰 영향을 미치게 되었고 아직도 많은 학자들이 이 견해를 견지하고 있다. 그러나 이들 두 성분에 대한 명칭 문제는 해결해야 될 문제가 많이 남아 있었고 그와 관련된 연구 결과가 많이 있었다.

2. 주술 구조의 술어와 문두성분

주술 술어문과 관련한 여러 문제 중에서도 가장 이슈가 되었던 것은 주술 술어구의 앞에 위치한 문두성분을 어떻게 분석할 것인가에 대한 인식의 차이였다. 주술 술어문에서 주술 술어구 앞의 성분은 과연 무엇인가? 주어인가 화제인가? 이 문제는 주술 술어문에 대한 범위 설정과 관계가 깊다. 주술 술어문의 범위에 관한 어법학계의 의견은 분분하다. 예를 들어, 朱德熙가 정의한 주술 술어문의 범위는 아주 넓고, 胡裕樹의 주술 술어문의 범위는 매우 좁다. 陸儉明(1990)은 朱德熙와 胡裕樹의 주술 술어문의 범위가 다른 것은 중국어 주어에 대한 그들의 서로 다른 관점을 표현한 것이라고 말하고 있다. 다른 관점이란 두 가지로 요약할 수 있는데, 첫째 화제설 주장과, 둘째 주어설 주장으로 나눌 수 있다. 이른바 '화제설 주장'이란 '화제가 바로 주어'라는 것이고, '주어설 주장'이란 '화제와 주어는 구분해야 한다'는 입장이다. 아래에서 자세히 논해 보자.

1) 주어설

여기에는 朱德熙의 《語法答問》(1985)과 陸儉明이 주편한 북경대학의 《現代漢語》(1990) 교재 등이 있다. 이들은 모두 주술 술어문 앞의 성분을 주어라고 보지만, 화제와 주어에 대한 기본적인 입장이 다 같은 것은 아니다. 예를 들면, 朱德熙는 중국어에서 화제는 바로 주어라고 말한다. 그는 《語法答問》에서 "우리가 표현할 때는 같은 의미 관계라도 다른 형식으로 표현할 수 있다. …… 화자의 선택에 따라 그가 가장 관심을 가지는 것이 주어가 되는데, 이것이 바로 화제이다. 술어는 선택된 화제에 대한 평언이다. 그러므로 일반적으로 주어는 화제라고 할 수 있는데, 이것은 표현의 각도에서 말한 것이라 할 수 있다."라 하였다. 陸儉明의 의견은 이와 아주 다르다. 陸儉明(1986)은 "주어와 화제는 두 가지의 전혀 다른 층면의 개념이란 것을 지적할 필요가 있다. 주어는 단어와 단어 사이의 어법 구조 관계에서 본 것으로서 통사론(syntax)의 개념이며, 화제는 표현의 각도에서 본 것으로 화용론(pragmatic)의 개념이다. 그러므로, 양자 사이에는 등호가 성립될 수 없다. 실제로 주어가 모두 화제가 될 수는 없다. 그리고 중국어에서 화제로 볼 수 있는 것이 다 주어라고 할 수도 없다. 문두에 위치하는 일부 개사 구조가 그 예이다. 예를 들면, '在~', '對於~', '關於~', '至於~'는 화제가 될 수 있어도 주어는 될 수 없다."라고 하였다. 朱德熙와 陸儉明의 서로 다른 의견은 '3개 평면'에 대한 서로 다른 해석으로 이해할 수 있다. 현재 통용되고 있는 '3개 평면' 이론에서 張斌·胡裕樹가 주장한 것과 朱德熙의 주장이 일치하지 않는다. 張斌·胡裕樹의 '3개 평면'은 '어법, 의미, 화용'을 말하는 것이고, 이 세 가지는 어법 분석에 이용된다. 그중에 '화용'도 분석에 주로 이용되는데, 그들의 '3개 평면'은 세 축으로 이루어져 있다. 그러나 朱德熙가 주장한 '3개 평면' 중의 '화용'은 어법을 분석할 때 작용을 하는 것이 아니라, 사람들 사이의 교류에서 중요한 역할을 담당한다. 다시 말해, 朱德熙가 말하는 '화용'의 역할은 어법 분석에 이용하는 것이 아니라, 어떻게 하면 이상적인 어법 형식을 통해 만족스러운 의사 전달 적용을 하는가에 있다.

2) 화제설

화제설을 주장하는 학자로는 胡裕樹, 張斌, 湯廷池 등이 있다. 湯廷池의 예를 살펴보자. 湯廷池(1978)는 주어와 주제[42]를 구분할 것을 주장한다. 그는 특히 주술 술어문에서 주술 술어 앞에 위치한 성분은 주제이지 주어가 아니라고 주장한다. 그는 아래와 같은 예를 들고 '腰'와 '腿'를 주어로 분석하고, 문두성분인 '李小姐'는 주제로 분석하였다. 그 이유는 가늘고 긴 것은 '허리(腰)'와 '다리(腿)'여야 옳다는 것이다.

(13) 李小姐腰很細, 腿很長。
이 양은 허리가 가늘고 다리가 길다.

이러한 분석은 의미 기준에 근거하여 분석이다. 이에 대해 필자는 이런 유형의 주술 술어문은 오히려 통사론 층위에서 이미 사용하고 있는 성분인 '주어' 개념을 이용해서도 분석이 가능하다고 생각한다. 즉 이 문장을 필자는 '李小姐'를 대주어와 두 개의 주술 병렬구조의 결합으로 분석해도 무방하다고 보는 것이다. 이는 대주어와 그에 대한 설명은 복잡한 의미 관계가 존재하고, 따라서 대주어와 소주어의 의미 결합의 관계는 매우 소원해질 수도 있다.

湯廷池(1978)도 주제와 주술 술어의 주어 사이에 다음과 같은 종류

42 주제는 화제와 같은 개념으로 보면 된다.

의 의미 관계가 성립된다고 하였는데, 이는 조금만 각도를 달리하여 보면, 그가 말하는 주제와 평언 사이의 의미 관계가 소원할 수도 있음을 보여주는 것이기도 하다. 그가 든 예문을 보면 이 사실을 알 수 있다.

「施受關系」 老李, 我幫過忙。
나는 이 씨를 도운 적이 있다.

「時間背景」 五月裏, 雨量最多。
5월은 강수량이 제일 많다.

「處所背景」 阿裏山上, 櫻花開得很美。
아리산에는 벚꽃이 아름답게 피었다.

「分子關系」 他的兩個兒子, 一個當教員, 一個做生意。
그의 두 아들 중 한 명은 교원이고 한 명은 장사를 한다.

「類名關系」 哺乳動物, 鯨魚最大。
포유동물 중에서 고래가 가장 크다.

「度量關系」 糖, 一斤五塊錢。
설탕은 한 근에 5원이다.

「領屬關系」 這個人, 年紀雖小, 做事卻很老練。
이 사람은 나이는 어리지만 일하는 것은 아주 숙련되었다.

李小姐, 腰很細, 腿很長。
이 양은 허리가 가늘고 다리가 길다.

위에 든 예들은 주어와 화제 간의 다양한 의미 관계를 보여 주고 있다. 필자는 이러한 사실 자체가 대주어와 그를 서술하는 부분 사이의 의미 관계가 소원할 수도 있음을 보여 주는 것이라고 생각한다. 사실 어법의 형태 변화가 결핍된 중국어에서는 주어와 술어 사이의 관계가 소원해질 수 있다는 주장을 朱德熙는 줄곧 주장해 왔다. 湯廷池(1978)도 아래와 같은 예문에서는 '이중주어문(雙主語句)'이라고 하고 있다. 즉 대주어와 소주어의 분석법을 인정하는 것이다.

(14) 這些事情，我的經驗最豐富了。
이런 일에 대해서는 나의 경험이 제일 풍부하다.

(15) 這件事，你自己做主吧。
이 일은 너 스스로 해라.

예문 (14)와 예문 (15)의 예를 통해서 주술 술어문 앞의 성분은 주어라고 보는 견해가 湯廷池의 연구에서도 제시되어 있음을 알 수 있다. 필자는 이런 견해가 매우 타당하다고 생각한다. 그 이유는 우리는 화제-평언의 개념을 사용하지 않고, 이미 사용하고 있는 어법 층위의 주어-술어의 개념만으로도 이런 주술 술어문을 분석할 수 있다고 보기 때문이다. 물론 이는 (학술적인 토론을 벗어나서) 중국어 교육 현장에서, 논쟁이 있고 또 이해하기 어려운 개념을 이용하여 교육하기가 어려운 점도 감안한 것이다. 주지하다시피, 화제-평언은 프라그학파가 제기한 것으로, 화제-평언과 주어-술어는 똑같이 서로 직접 성분이 될 수 있다. 주술 술어문에 대한 어법적 분석을 할 때, 화제란 개념을 사용하지 않고 대주어의 개념을 사용하더라도 충분히 분석을 해낼 수 있는 것이다.

이러한 관점은 袁毓林(1996)의 논문에서도 찾아볼 수 있다. 袁毓林(1996)은 "우리는 술어 동사의 앞에 오는 실사(實詞) 성분에 대해 주어라는 개념만을 사용하여 분명하게 분석할 수 있다. 화제라는 개념은 불필요하며, 화제는 화용 혹은 발화의 층위에서나 필요한 것이다."라고 하였다.

陸儉明(1990)의 중첩(套疊) 이론 또한 다음과 같이 이 점을 방증한다. "현대중국어의 어법 성분이 특이하게 가지고 있는 중첩 현상은 보편적이며, 계통적이다. 그러므로 '주어가 층차별로 중첩되는 현상'은 중국어에 있어서는 아주 일반적인 현상으로, 그것을 이상한 현상으로 볼 필요가 없다. 더군다나, 이를 근거로 다중주술 술어문 현상의 존재를 부정해서도 안 된다. 중국어는 고립어이기 때문에 주어와 술어 사이에 형태상의 제약이 없으므로, 둘의 관계는 아주 소원해질 수도 있다. 그러므로 의미상으로 볼 때 중국어의 주어와 술어 사이의 관계는 다양해질 수 있고, 주술 술어문에서 나타나는 다양한 주어의 층차별 중첩 현상은 아주 자연스러운 것이다."

3. 주술 구조 술어의 주어

주로 다음과 같은 유형의 주술 술어문에서 소주어의 위치에 분포된 성분의 성질에 대해서 견해의 차이가 크다.

"我煙不抽了, 酒還一點。"(나는 담배는 피지 않고 술은 좀 마신다.)

어법학계에서는 예문 중의 '煙'과 '酒'의 성질에 대해서 두 가지의 견해가 있다. 그 하나는 소주어로 보는 견해이고, 다른 하나는 전치된 목적어로 보는 견해이다. 위에 설명한 바 있는 주어설을 주장하는 사람들은 주어로 보고, 화제설을 주장하는 사람들은 전치 목적어로 볼 가능성이 많다. 袁毓林(1996)은 "我煙不抽了, 酒還來一點。"의 '煙'과 '酒'

를 차화제, 즉 소주어로 보고 있다. 袁毓林(1996)의 소주어관은 일리가 있다. 그러나 전치된 목적어의 견해에 대해서는 필자의 견해는 좀 다르다. 이는 중국어 화자의 심리 의도와 문형 선택의 관계를 고려한 결과이다. 필자는 주술 술어문의 지위가 고대 이래로 기본 문형으로 존재해 온 현상이라고 생각한다. 따라서 이런 유형의 문장은 기저 문장에서 파생되어져 나온 또 다른 표층 문형으로 해석할 수가 없다. 상기한 예문을 예를 들어 설명을 해 보자.

중국어를 모국어로 하는 화자가 "我煙不抽了, 酒還來一點。"란 표현을 하면서, 굳이 '我'를 거듭 말해서 표현하지는 않지 않는가? 필자는 '我煙不抽了'와 '酒還來一點'를 대주어 '我'의 관할하에 합쳐야 비로소 하나의 문장이 된다는 것이다. 고대중국어의 경우 이러한 언어 현상들은 매우 자주 일어난다. 아래 예문을 보자.

(16) 古之敎者, 家有塾, 黨有庠, 術有序, 國有學。〈禮記·學記〉
옛날의 교육 기관은 집에는 숙이, 당에는 상이, 주에는 서가, 국도에는 학이 있었다.

예문 (16)과 같은 유형의 문장은 고대중국어에서 자주 등장한다. 이는 화자가 전달하고자 내용이 무엇에 관한 것인가를 청자나 독자에게 우선 주지시키고 그에 대한 평언을 다시 조목조목 부가해 가면서 설명하는 경우에 매우 유용한 유형이다. 현대중국어의 "我煙不抽了, 酒還來一點。"과 같은 표현은 바로 이와 같은 유형의 문장이다. 우리는 이런 유형의 문장을 '대주어+(소주어+술어, 소주어+술어)'형의 구조로 분석할 수 있다. 그리고 이는 기본 문형이라고 보는 것이 타당하다.

그럼, 화제설을 주장하는 입장에서는 "我煙不抽了, 酒還一點。"의 '煙'과 '酒'를 어떻게 분석할 것인가? 그들은 전치된 목적어라고 볼 수 밖에 없다. 그런데 여기의 '煙'과 '酒'는 명사여서 목적어로 문제가 없지만, 만약 이 자리에 동사성 단어가 올 때는 어떻게 할 것인가? 아래에서 두 문장을 비교해서 살펴보기로 하자.

(17) a. 他抄字用鋼筆, 做題用鉛筆。
그는 글을 쓸 때는 만년필을 쓰고 답안을 작성할 때는 연필을 쓴다.

b. 他用鋼筆抄字, 用鉛筆做題。
그는 만년필로 글을 쓰고 연필로 답안을 작성한다.

예문 (17a)와 (17b)에 쓰인 '抄字'와 '做題'는 모두 동사성 성분이다. (17a)의 경우 袁毓林(1996)처럼 '抄字'와 '做題'를 소주어라고 주장하는 견해에는 문제가 없다. 그러나 이것을 전치 목적어라고 보는 견해는 설득력이 부족하다. 왜냐하면 그들 주장대로 '抄字'와 '做題'를 전치된 것이라고 보면, 이를 다시 후치시킬 수가 있어야 하고, 만약 이들을 후치시킨다면 바로 예문 (17b)처럼 연동문이 되기 때문이다. 예문 (17b)에 쓰인 '抄字'와 '做題'은 이미 목적어가 아니고 연동문의 두 번째 동작이 되어 버리기 때문이다. 이러한 동사성 성분이 소주어를 담당하는 현상은 고대중국어에서도 쉽게 찾을 수 있다.

(18) 君子食無求飽, 居無求安。〈論語·學而〉
군자가 먹음에 배부름을 구하지 않고, 거처함에 편함을 구하지 않는다.

예문 (18)에서 '食'과 '居'는 동사 성분이 소주어가 된 경우이다. 주술 술어문에 대한 연구 결과와 역사를 살펴보면, 그 주된 주장의 차이는 주로 이러한 언어 현상을 설명하는 일반언어학 이론의 발전 추세와도 관련이 많았다. 일반 이론에서 중시되는 관점에 따라 주술 술어문의 현상에 대한 설명도 차이가 있었다. 시대별로 보면, 1950년대에는 형식과 의미를 결합하여 연구하는 방법이 대세를 보였고, 1980년대에는 통사, 의미, 화용의 3개 평면 연구 방법이 대세를 보였다. 즉 이러한 연구방법이 발전하는 추세와 그들을 응용하는 과정에서 주술 술어문에 대한 관점은 서로 차이가 나게 된다.

4. 주술 술어문의 통사·의미·화용론적 특징

본 절에서는 주술 술어문의 특징을 통사, 의미, 화용론의 측면으로 나누어 살펴보겠다.

1) 통사적 특징

(1) 평행성의 특징

주술 술어문에서 일반적으로 주어 뒤에는 '啊(呀), 呢, 嘛, 吧'와 같은 어기사를 첨가하여 휴지를 두거나, 문두의 주어가 화자에 의해 강조되거나 현저하게 드러난 요소임을 보여 줄 수 있다. 그리고 주어 뒤의 평언 부분은 대비 수단을 통하여 더욱 강한 의미 전달을 할 수 있다. 앞서 든 예문 (10)이 이 특징을 잘 보여 주는 예이다.

(2) 문두 개사 구조와 주어

문두에 쓰인 개사 구조의 화제는 그 개사를 생략하거나 더 넣을 수 있는 경우가 많다. 개사가 있으면 부사어, 없으면 주어가 된다. 다음 예문을 보자.

(19) 這件事，中國人民的經驗太多了。
이 일에 [대해] 중국 국민들의 경험은 아주 많다.

위의 문장에서 앞에 나온 '這件事'가 전체 문장의 주어이고, 그 뒤가 주술 구조로 이루어진 술어 부분이다. 통사론적으로 보아, 위 예문에서 주어인 '這件事'가 비록 개사를 동반하지는 않았으나 의미로는 마치 개사 '對'를 동반한 것처럼 인식될 수 있다. 그래서 위 예문의 번역에 개사 '對'에 해당하는 '대해'를 괄호 [] 속에 넣은 것이다. 다시 예문을 보자.

(20) a. 這個問題，我有不同看法。
이 문제에 [대해] 나는 다른 생각이 있다.

b. 對這個問題，我有不同看法。
이 문제에 대해서 나는 다른 생각을 가지고 있다.

예문 (20a)의 번역에서도 역시 주어인 '這個問題'를 번역할 때, 문장에 나타나지도 않는 개사 '對'를 동반한 것처럼 번역하게 된다. 예문 (20a)와 (20b)는 의미적으로 보면 별 차이를 못 느끼지만, 통사적으로는 큰 차이가 있다. 왜냐하면 (20a)의 '這個問題'는 주어이지만, (20b)의 '對這個問題'는 부사어이기 때문이다. 다음은 문두가 개사 구조인 성분에서 개사를 빼는 경우를 보자.

(21) a. 在寒冷的冬天裏，人們都盼望著春天。
추운 겨울날에 사람들은 모두 봄을 기다리게 된다.

b. 寒冷的冬天，人們都盼望著春天。
추운 겨울날은 사람들이 모두 봄을 기다리게 한다.

예문 (21a)에는 개사 '在'가 있다. 개사 '在'는 주로 뒤에 전개되는 사건의 시간·장소적 배경 설정을 해 주는 경우가 많다. 이럴 때 문두에 쓰이는 개사 '在'는 예문 (22b)처럼 생략이 가능한 경우가 많다. 예문 (22b)처럼 개사가 생략이 되면, 통사적으로 그 문두성분 '寒冷的冬天'은 주어가 된다. 물론 예문 (21a)에는 개사 '在'가 있으므로, 여기에 쓰인 문두성분 '在寒冷的冬天裏'는 부사어가 된다. 화용론적인 입장에서 보면, 개사 '在'가 쓰인 예문 (21a)의 문장은 평범한 진술문이 되지만, 문두성분 '寒冷的冬天裏'가 개사를 생략한 채로 주어로 쓰이면, 이 문장은 판단과 같은 주관적 의도가 숨어 있는 느낌이 강하다. 다음의 예문 (22)도 마찬가지이다.

(22) a. 在北京，我工作了三個月。
북경에서 나는 3개월 동안 일하였다.

b. 北京，我工作了三個月。
내가 북경에서 일한 지는 3개월이 되었다.

2) 의미적 특징

어법 관계를 나타내는 형태가 결여된 중국어에서 대주어와 주술 술어 간에는 다양한 의미 관계가 존재하고 많이 소원해질 수도 있음을 본 장 2절의 '2) 화제설'에서 알아보았다. 여기에서는 그로 인하여 발생하는 문두성분의 의미 특징과 어법 분석과의 관계를 살펴보도록 하겠다.

(1) 주어와 부사어의 구별

주어와 부사어는 모두 문두에 올 수 있다. 그리고 중국어는 형태가 발달하지 못한 언어이므로 때로는 문두에 오는 성분이 주어인가 부사어인가를 판단하기가 그리 쉽지 않다. 어법을 표시해 주는 형태의 결여는 주어와 부사어의 판단을 어렵게 하여 궁극적으로는 문장의 이해와 번역에 어려움을 초래할 수 있다. 형태의 결여가 문장의 의미를 이해하고 번역하는 데 혼동을 줄 수 있다는 것과 문장 의미를 이해할 수 없다는 것과는 또 경우가 다르다. 바로 이와 같이 때론 주어나 부사어를 구분하지 않아도 문장의 이해에 영향을 미치지 않는다는 이유로, 중국어의 표층 구조에서 문두성분의 형태와 그에 대한 이해 간에 대응이 되지 않는 현상이 나타나게 된다. 예를 보자.

(23) 道路: 男子由右, 婦人由左, 車從中央。〈禮記·王制〉
도로 행보 시 남자는 오른쪽으로, 여자는 왼쪽으로, 차는 가운데로 다닌다.

(24) 釘釘子, 你小心點兒。
못을 박을 때 너 조심해라.

예문에서 보이는 문두성분 '道路'는 과연 주어인가 부사어인가? 형태 언어인 한국어로 해석했을 때는 별 문제가 없다. 그러나 중국어에서는 '道路' 그 자체로 이해해야 될지 아니면 도로를 행보할 때로 이해해야 될지 판단하기 쉽지 않다.

또 주어와 술어의 의미 관계를 따져, 중국어의 주어를 동작의 주체(施事), 동작의 객체(受事), 화제(中性)로 나누기도 하는데 이때 화제의 경우에는 주어와 술어 간의 구조 관계가 희미해지거나 복잡하게 될 수가 있으며 이 때문에 주어와 부사어의 판별이 어려워질 수 있다. 다음 예문을 보자.

(25) 八十齊喪之事弗及也。〈禮記·王制〉
80세가 되면 재계(齋戒)나 복상(服喪)을 하지 않아도 된다.

예문의 '八十'은 '80세가 되면'으로 이해해야 될까, 아니면 '80세의 사람'으로 이해해야 될까? 의미 해석이야 둘 다 가능하다지만 해석에 따른 어법 구조는 다를 수 있다. 이러한 현상은 형태 언어에서는 나타나지 않는다. 이런 현상은 순환적인 것이어서 대응이 안 되는 현상은 주어와 부사어의 구분을 어렵게 하고 또 판단 시의 혼동은 다시 대응이 안 되는 현상을 낳게 하는 것이다. 정보를 전달하는 측면에서 보면 주어와 부사어는 모두 화제에 속할 수 있기 때문에 강조나 두드러짐을 나타내기 위해 문두에 놓은 성분은 때로 그것이 주어인지 부사어인지의 구별이 어려워질 수 있는 것이다.

(2) 문두성분의 다의성(多表述性)과 自指와 轉指

아래 예문을 통해 살펴보도록 하자.

(26) 父母之喪, 三年不從政。〈禮記·王制〉
부모의 상 때 3년 동안 역정에 종사하지 않는다.

예문의 문두성분 '父母之喪'은 부모의 상을 당한 사람인지, 아니면 부모의 상이 났을 때인지 판단이 어렵다. 이러한 주어의 다의성은 이 문장이 쓰인 구체적인 언어 환경(語境)과 관계가 있다. 일정한 언어 환경(語境)에서 명사와 동사는 일시적으로 의미상의 전용이 가능하다.

張聯榮(1998)은 동일한 단어가 指稱形態를 나타낼 수도 있고, 陳述形態를 나타낼 수도 있다고 말하고 있다. 陳述形態가 指稱形態로 변하고, 의미의 변화가 생기지 않으면 지칭하는 것은 어떤 행위 혹은 성질, 상태(性狀) 자체를 가리키는데, 이것이 自指이다. 만약에 전화된 이후에 의미에 변화가 생겨서, 지칭하는 것이 상태와 관계된 사람 혹은 사물이면, 이것은 轉指이다. 轉指된 의미는 우리들의 인식에 의해 나타난 개념이므로 형태의 변화가 없고, 비교적 임의적인 것이므로 문두성분이 주어인가 부사어인가의 판단을 어렵게 할 수 있다.

3) 화용론적 특징

주술 술어문은 고대·현대중국어에서 공히 사용 빈도가 높은 기본 문장 형식 중의 하나로, 활용 효과가 뛰어나다. 이 문형은 어떤 일이나 사람, 사건, 시간에 대하여 설명하고 서술하고 판단하는 경우에 많이 사용된다.

(27) 古之敎者, 家有塾, 黨有庠, 術有序, 國有學。〈禮記·學記〉
옛날의 교육 기관을 말할 것 같으면 집에는 숙이, 당에는 상이, 주에는 서가, 국도에는 학이 있었다.

앞서 본 예문 (16)에 대하여 이전의 전통 어법학자들은 주로 주어의 생략으로 분석하였다. 그러나 필자는 이 문형을 주어가 생략된 것으로 보지 않는다. 아래 예문 (28)은 이를 필자의 견해를 방증한다. 이러한 문장은 한 가지 사건에 대하여 여러 방면에서 설명해야 할 경우에 자주 사용된다. 이런 유형의 문장은 현대중국어에서도 아래 예문 (28)처럼 상용되고 있다.

(28) 昨天的比賽，我看了，他沒看。
어제의 경기를 나는 봤는데 그는 안 봤다.

(28)의 경우, 우리는 다음과 같이 당시 언어 상황을 설정할 수 있다. 제1, 2, 3인칭 화자가 서로 대화를 하고 있었다. 제2인칭 화자가 어제 벌어졌던 어떤 경기에 대하여 어제 경기를 보지도 않은 제3인칭 화자에게 질문을 하였다. 제1인칭 화자는 제3인칭 화자가 어제 경기를 관람하지 않았다는 사실을 이미 안다.

이런 상황에서 제1인칭 화자는 예문 (28)과 같이 발화할 가능성이 있다. 그리고 이런 언어 상황에서 제1인칭 화자는 당연히 (28)과 같은 주술 술어문을 이용하여야 한다고 볼 수 있다. 따라서 이런 유형의 문장에 대하여 주어가 생략되었다는 분석을 할 수는 없을 것이다. 이 외에도 주술 술어문은 앞서 제시한 예문 (1)~(12)처럼 다양한 형태로 나타난다.

이 글의 주 논점과 별개로, 필자는 이렇듯 유용하고 상용되는 유형의 문장은 기초회화나 작문에서 학습되어야 한다고 생각한다. 참고로, 전형적인 주술 술어문과는 거리가 있으나 주술 술어문을 구사하면서 다음과 같은 예문도 일상생활에서 많이 사용되는 유형이므로 중국어 학습자에게 교육이 되었으면 한다.

(29) 香山，我遊覽過兩次，還不錯。

향산을 나는 두 번이나 구경했는데 괜찮더라.

예문 (29)의 경우는 화자가 화제(香山)를 문두에 두고 다시 주술 술어문(我遊覽過兩次)을 부가한 다음 다시 최종 판단의 정보(還不錯)를 더하는 형식이다.

지금까지 기존의 연구 성과에 대한 고찰을 통하여 주술 술어문에 대한 학자들의 인식의 변화와 견해의 차이를 알아보았다. 그리고 이러한 견해의 차이가 나타나는 이유가 바로 중국어 주어에 대한 인식의 차이와 연구자들이 연구에 투사했던 이론에 대한 인식의 차이에서 연유한 것임도 알 수 있었다. 본 장을 집필한 동기 중의 하나는 중국어 교육에 도움을 줄 수 있는 근거를 제공하기 위한 자료를 찾고자 하는 것이다. 이는 선행 연구 성과들이 현행 교육에 적용되기 어려웠던 면이 있었기 때문이다. 따라서 본 장의 내용은 주술 술어문 연구에 산재한 문제를 이론적으로 설명하는 면도 있지만, 기존 연구가 중국어 교육에서 적용되기 어려웠던 원인이 어디에 있는지를 고찰한 면도 있다.

이 장에서 논의한 주요 내용을 아래와 정리할 수 있다.

1. 주술 술어문은 고대·현대중국어에 있어서 모두 사용 빈도가 높은 기본 문장 형식이다.
2. 주어와 화제는 서로 다른 층위의 개념으로, 통사 분석에서는 화제 대신 (대)주어로 해결되는 경우가 많다.
3. 2와 같이 하면 교육 현장에서 학생들의 교육 부담을 줄이고 효과를 더할 수 있을 것이다.

4. 주술 술어문의 주어는 상당수의 경우에 '강조(emphasis)'와 '현저하게 드러내기(prominence)'라는 화자의 주관적인 의도를 문장에 실현시킬 수 있다.
5. 주술 술어문의 주어와 술어 사이에 휴지 어기사 '啊, 呢, 吧, 嘛, 呀…' 등이 자주 출현할 수 있다. 이는 주어와 술어의 의미가 때로는 아주 많이 소원해질 수 있는 방증이 된다.
6. 회화 수업에서 주술 술어문은 기본 문형으로 다루어져야 된다. 이는 형태가 결여된 중국어의 특징을 잘 응용하는 것이며 표현력을 높일 수 있는 문형이기 때문이다.
7. 문두성분 뒤에 보이는 구조적인 평행성 특징은 강력한 수사적 대비 기능을 보여 준다.

제7장 | 중국어의 摹似性과 理據

1. 摹似性과 理據

중국어는 한자라는, 形·音·義가 한 음절로 이루어진 表意文字를 표기 수단으로 하는 언어이다. 원시한자의 構形 방법은 상형이나 지사의 방법에 기초하고 있기 때문에 한자(특히 고문자)에서는 模寫性(iconicity) 특징이 강하게 나타난다. 강한 模寫性 특징에서 출발한 한자는 현대 자형에 이르러서도 기본적으로 理據(motivations)를 유지하고 있다. 한자의 이러한 특징은 형태적인 어법 표지가 두드러지지 않는 중국어 구조에서 인지적인 理據를 제공하면서 중국어가 語義型 언어 유형의 특색을 보이게 하는 데 영향을 미친다.

본 장은 한자와 중국어에 나타나는 模寫性과 理據의 특징에 근거하여 일부 중국어 현상에 대하여 해석을 시도하였다. 본 논의가 중국어 연구에서 이미 묘사와 설명이 된 언어 사실이나, 혹은 설명이 아직 모호했던 부분에 대하여 다른 각도에서 합리적인 해석을 더할 수 있기를 바란다. 그리고 한자와 중국어를 교육하는 데 조금이나마 도움을 될 수 있기를 기대한다. 본 논의를 진행하기 위하여 우선 模寫性과 理據 및 그와 관련되는 몇 가지 개념들에 대한 고찰이 필요하다.

1) 模寫性과 理據의 概念 定義

模寫性(iconicity)이란 단어와 이를 응용한 연구방법론의 출현은 Saussure 이래 근 100년 동안 지배적 위치에 있었던 '언어 부호와 개념 간의 恣意性(arbitrariness)' 주장에 반하여 나타나게 된다. 즉, '기호는 자의적이다'라는 주장이 때로는 좀 지나치다고 여겨질 수 있으며, 사실상 모든 언어에는 기호와 그 기호가 나타내는 개념 사이에 연관관계가 존재한다는 것이다. 徐通鏘(1994: 11)에 의하면, 언어 연구에 있어서 模寫性이란 개념이 연구방법론으로 자리한 역사는 1930년대 Charles S. Peirce가 符號(sign)를 다시 세 가지 부(符), 즉 '모사부, 색인부, 상징부(icon, index, symbol)'로 분류한 데서 비롯된다고 한다. 그는 模寫符(icon)를 다시 '영상, 그림, 은유(image, diagram, metaphor)'로 분류하였다. 그중 영상의 예로는 사진(비언어 측면)이나 의성사, 그리고 상형문자(언어 측면) 등을 들었고, 그림의 예로는 지도(비언어 측면), 그리고 언어 구조나 성분(언어 측면)을 들었다. 그가 제시한 예(특히 언어부호)를 보면 부호와 개념 간에는 자의(恣意)적이기보다 어떤 논증 가능한 유연 관계가 있음을 알 수 있다. 王寅(1999: 49)은 이에 근거하여 模寫性을 "음성, 형체, 그리고 구조에 있어서 부호와 그 부호가 지시하는 대상 사이에 유사성이 투영되는 현상"이라고 정의했다.

模寫性은 언어부호가 자의적이지만은 않다는 것을 뜻이다. 자의적이지 않다는 말은 理據性(motivation)이 있다는 것이기도 하다. 이와 같은 문제에 대하여 張鳳·高航(2005)은 다음과 같이 종합적인 견해를 보였다. "Haiman이나 王寅은 恣意性과 模寫性을 대립시키면서 언어에는 模寫性이 恣意性보다 많다고 여기고, 王艾錄·司富珍 같은 이들은 恣意性과 理據를 대립시켜서 恣意性은 理據性 존립의 근거가 되는 동시에 理據性의 강한 제약을 받게 되므로 다 같이 언어 조직의 중요한 원칙이 된다고 여긴다."

이와 같이 많은 학자들이 보편적으로 恣意性을 無理據性으로, 그리고 模寫性을 理據性으로 여긴다. 그렇다면 언어부호의 模寫性과 理據性 양자 간에는 어떤 관계가 있는 것일까? 이에 대하여 일부 학자는 비슷한 개념으로, 일부 학자는 서로 다른 개념으로 분류한다. 전자의 예로는 王寅(2000), 嚴辰松(1997: 21), 이정민·배영남(1993: 581) 등이 있고, 후자의 예로는 張鳳·高航(2005), 林艷(2006: 10) 등이 있다.

본 장에서는 模寫性과 理據에 대한 정의를 다음과 같이 내리기로 한다.

(1) 模寫性과 理據性은 모두 符號의 恣意性(arbitrariness)에 상대되는 개념이다.

(2) 理據性은 '부호와 내용 사이에 내재된 유연 관계를 설명하고 해석할 수 있는 근거'이다.

(3) 模寫性은 '음성, 형체, 그리고 구조에 있어서 부호와 그 부호가 지시하는 대상 사이에 유사성이 투영되는 현상'이다.

사실, 模寫性과 理據는 다 같이 恣意性에 상대적인 개념이자 상호 영향을 주고받는 관계에 있기 때문에 구별이 쉽지는 않다. 그러나 우리는 다음과 같이 이해하면 양자의 구별을 비교적 분명하게 할 수 있을 것이다.

객관적으로 존재하는 실체에 대해 명명할 때 누구나가 그렇게 여길 수 있는 닮은 성질이 있다. 그러한 성질이 바로 模寫性이다. 작게는 문자 단위에서부터, 크게는 문장 구성에 이르기까지 언어에서 모사성은 매우 광범위하게 존재한다. 이러한 模寫性은 바로 理據의 근거를 제공하게 되어 '상형문자가 그런 의미를 나타내게 되는', '문장을 그렇게 구성하게 되는'이라고 이해할 수 있는 이론적 근거가 되는 것이다.

언어부호의 이런 모사성은 언어학자와 철학자들의 노력의 결과로 많은 성과를 가져왔다. 아래 (1)~(7)에 보이는 이정민·배영남(1993: 429~430)의 설명은 일반 언어에 존재하는 模寫性을 잘 보여 주고 있다.

(1) 예를 들면, "Veni, vidi, vici(나는 왔노라, 보았노라, 이겼노라)."는 이 발화행위의 순서가 행위의 시간적 순서를 반영하고 있다.

(2) 예를 들면, "The President and the Secretary of State attended the meeting."에서 'The President'와 'the Secretary'는 역이 되어 나타날 수 없다. 이는 문두에서의 순서가 사회적 지위의 차이를 반영하기 때문이다.

(3) 모든 언어에서 조건문이 귀결문의 앞에 나타나는 것이 가장 일반적이며, 이것이 또한 중립적(neutral)이며 동시에 비표적인(non-marked) 순서이다.

(4) 많은 언어에서 주어를 생략할 수 없는 반면에 목적어는 생략할 수 있는데, 이것은 (3)과 같이 문법적 개념의 계층(hierarchy)이 존재한다는 것을 의미한다.

(5) 많은 印歐語 형용사의 원급, 비교급, 최상급에서 어미가 증가되는 정도는 'high, higher, highest'에서와 같이, 사용되는 음소(phoneme) 수의 증가에 의해 나타난다.

(6) 複數型이 形態素의 부가에 의해서 單數型과 구별되는 언어는 있으나, 單數型의 일부를 제거하여 複數型을 만드는 언어는 없다. 그리고 불어는 동사의 변화에서 'je finis, nous finissons'과 같이 단수형보다는 복수형 쪽이 긴 어미를 갖고 있다.

(7) 유사한 음성에 유사한 의미가 결합되는 때가 있다. 예를 들면 'bash, mash, smash, crash, dash, lash, hash, rash, brash, clash, trash, plash, splash, flash'에서 '-sh'나, 'glitter, glare' 등에서 'gl-' 등이다.

중국어에 있어서 模寫性에 관한 연구 성과는 戴浩一(1985)과 謝信一(1989)의 논문이 각각 葉蜚聲과 黃河의 번역으로 1988년과 1991년에 《國外語言學》에 소개되면서부터 시작된 것으로 보인다. 戴·謝의 두 문장은 발화 행위의 순서가 행위의 시간적 순서를 잘 반영한다는 위 설명 (1)의 내용이 중국어에 대한 구체적 체현이라 할 수 있다. 그 후 沈家煊(1993)이 중국어에 반영되는 모사성의 특징을 '거리모사성', '순서모사성', '수량모사성' 등의 3종류로 귀납하여 소개하였고, 王寅(1999)이 다시 '표기모사성', '화제모사성', '여감(濾減)모사성', '구식(句式)모사성' 등을 소개하였다.

2) 언어의 模寫性과 理據에 포함된 몇 가지 내용

언어라는 것은 인간만이 가지는 부호체계이다. 언어의 역할은 그 쓰임에 따라 다음과 같이 세분할 수 있다. 첫째, 상대방과의 교류에 쓰일 때, 언어는 정보를 전달하고 상호 반응을 표현해 주는 매개체의 역할을 한다. 둘째, 인간과 객관사물과의 관계에 있어서 언어는 인간이 그 사물을 인식하는 도구의 역할을 한다. 셋째, 인류의 역사와 문화에 대해서 언어는 인류의 사유와 문화를 기록하여 보전하는 역할을 한다.

(1) 약정속성(約定俗成)

'約定俗成'이란 말은 보통 '사회 구성원들이 장기간에 형성한 사회 습관'으로 이해된다. 이는 사실상 '約定俗成'을 恣意性이라는 말과 동등한 의미를 뜻하는 명사로 취급하는 것이다. 그러나 '수량적으로 헤아릴 수 없는 사람들'이, '지리적으로 산하를 사이에 둔 광활한 지역의 구성원들이 공통된 인식을 하고 공통된 습관을 형성'하였다면, 이는 결코 우연히 '그렇게 형성된 것이 아니며 그 배후에 반드시 무엇인가 그렇게 하게 만든 동기가 있을 것'이다. 그렇다면 '約定俗成'은 오히려 理據性과 동일한 개념으로 보는 것이 타당할 것이다. 본 장에서도 역사 속에서 約定俗成된 현상들은 다시 理據性으로 작용할 수 있다는 견해가 바탕에 깔려 있다.

(2) 역사와 문화

한 문화가 발생하고 발전하는 데 있어서 언어의 역할이란 매우 중요한 것이고, 역사 속에서 문화의 발전 또한 언어를 더욱 풍부하고 정밀한 구조로 발전하게 하는 데 매우 중요한 역할을 하게 된다. 언어는 인류가 문화생활을 하면서 현상을 인식하고 그 내용을 전달하는 목적을 달성하기 위한 수단이기도 하다. 정보를 전달하는 목적을 달성하기 위해서는 정보와 전달 수단, 그리고 사용자(사회 구성원) 사이에 서로 인정할 수 있는 약속(約定俗成)이 있어야 한다. 이런 약속은 대부분 한꺼번에 이루어질 수 없고, 긴 역사를 거치면서 서서히 이루어지는 것이다. 언어(문자)를 통한 역사의 기록 속에는 음성과 어휘 및 통사 구조 등의 변천 과정과 그 언어를 사용한 인류의 사유와 문화에 대한 認知의 역사가 그대로 투사되어 있다. 인류의 객관 현실에 대한 인식은 곧 개념이라고 할 수 있는데, 여기서 필자는 현실과 언어 간에 있어서 인류의 인식은 각 시기, 각 지역과 각 언어 유형별로 상이할 수 있다고 생각한다.

설명의 편의를 위하여 王寅(2000: 5)이 수정을 가한 C. K. Ogden과 I. A. Richards의 의미 삼각도를 참고해 보자. 〈그림 3〉에서, 상형문자 단계에서의 C와 W는 理據가 아주 강하게 나타나고, 그 강도의 정도는 한자 변천 시기별로 다를 수 있다. 王寅은 전형적인 병음문자를 쓰는 독어와 노어의 경우, P와 W 간에 模寫性이 존재한다고 한다. 理據는 지역이나 語種 간에 있어서도 차이가 발생할 수 있다. 王寅의 경우는 C와 P 간을 점선으로 처리하여 일반 언어에서 부호의 任意性(arbitrariness) 특징을 언급하였으나, 徐通鏘(2001)의 견해를 근거로 추론하면, 중국어의 어휘가 단음절 위주일 시기에는 C와 P 간에도 理據가 강하게 나타나는 경우가 있다. 본 장에서는 模寫性을 '부호와 내용 사이(혹은 표현하려는 형식과 형식이 표현하는 의미 사이)에 존재하는 유연 관계'라고 정의한 바 있다. 그러나 '유연 관계'라는 것은 인간이 객관 사물에 대한 감지에 의해서 결정되는 인지적 요소인 것이 대부분이다. 이런 인지적 감지란 것은 시기별, 지역별, 언어 유형별로 상이할 수 있고, 理據 역시 그러하다는 것이 필자의 생각이다.

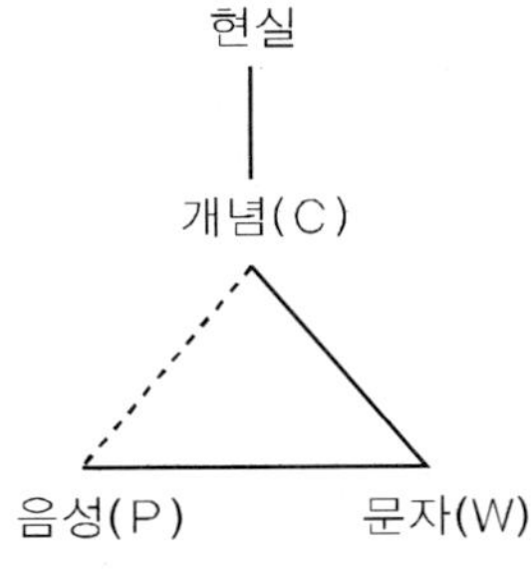

그림 3. C. K. Ogden과 I. A. Richards의 의미 삼각도

(3) 언어의 유형

徐通鏘(1999: 26)은 중국어를 의미형(語義型) 언어로, 인도유럽어와 같이 형태가 발달한 언어를 형태형(形態型) 언어로 분류하였다. 宋志平(2003)은 영어가 形合(hypotaxis)을 중시하고, 중국어가 意合(parataxis)을 중시하는 것은 비교 언어학자들이 일반적으로 인정하는 특징이라고 하였다. 영어가 形合을 중시한다는 말은 구조나 형식을 중시한다는 말이다. 복문의 논리관계를 예로 들어서 설명하면 形合이 강한 언어는 일반적으로 논리관계를 연결사를 이용하여 표현하게 된다. 이것이 바로 통사의 구조나 형식이 비교적 엄격하다는 의미로 이해할 수 있는 것이다. 그리고 중국어가 意合을 중시한다는 것은 형식이나 구조의 형태적인 특징에 의지하지 않고도 의미의 전달이 가능하다는 것을 의미한다. 본 장에서 언급하고자 하는 바는 중국어의 이런 특징이 표의문자인 한자를 사용하는 것과 깊은 관련이 있다는 점이다. 즉 중국어는 한자를 사용하여 표기하게 되는데, 시각적인 표의문자인 한자들은 그들이 뜻하는 개념들을 외부 형태적인 어법 수단에 의지하지 않고 상대적으로 자유롭게 의미 조합을 이루어 정보 전달이라는 목적을 용이하게 이룰 수 있다고 보는 것이다.

2. 한자 특징과의 연관성

상형자가 많은 한자의 초기 단계에서는 시각적인 부호와 개념 간에 模寫性 특징이 두드러진다. 그러나 이들 모사성은 장기간 발전 과정을 거치면서 대부분 약화되었다. 그럼에도 불구하고 한자는 줄곧 형체와 의미 간에 통일을 요구하며 발전해 오고 있다.

1) 문자, 한자, 단어(word)

彭澤潤(2005: 49)은 기록하는 말의 단위에 근거하여 〈그림 4〉와 같이 문자의 종류를 표의문자와 표음문자의 두 종류로 크게 나누었다.

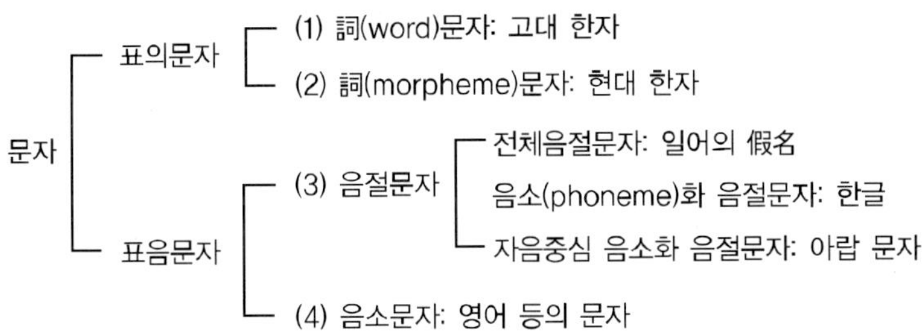

그림 4. 彭澤潤(2005)의 문자의 종류

모사성과 理據에 근거해서 영어에서의 문자와 단어, 그리고 중국어에서의 문자와 한자의 관계를 알아보면, 우선 영어 문자와 중국어 문자 모두 단어를 기록하고 음을 표시한다는 부분에서는 공통점을 가진다. 그러나 표음문자와 표의문자의 공통점 뒤에는 다음과 같은 차이점도 존재한다.

1. 영어에서의 문자는 한자(원시 상형자)와 비교해 볼 때 모사성이나 理據를 찾아볼 수 없다.
2. 중국어의 문자인 한자는 영어의 단어가 가지지 않는 몇 가지 특징을 가진다.
3. 영어 문자는 음소가 단위이나 중국어 문자는 음절(syllable)이 단위이다.

4. 영어 문자는 청각적인 요소가 강하고, 중국어 문자는 시각과 청각적인 요소가 모두 강하다.
5. 영어와 중국어의 문자에서 나타나는 理據는 성질이 다르다.

이들 차이점에 대해서는 항목별로 다시 자세히 살펴보자.

1. 영어에서의 문자는 한자(원시 상형자)와 비교해 볼 때 모사성이나 理據를 찾아볼 수 없다.

영어의 문자 단위를 단어로 착각할 경우 자칫 영어 문자에도 理據가 있는 것으로 보는 실수를 범할 수도 있다. 분명한 것은 영어의 문자단위는 단어의 음을 기록하는 음소일 뿐이라는 것이다. 그리고 중국어 문자가 문자 본체에서 理據를 찾을 수 있는 것에 반하여, 이정민·배영남(1993: 581)에서도 언급하듯, 영어는 단어에서는 理據가 나타나지 않고 합성어에서 비로소 나타난다.

2. 중국어의 문자인 한자는 영어의 단어가 가지지 않는 몇 가지 특징을 가진다.

이는 문자학적인 개념의 한자가 어떻게 중국어 문장 구성의 기본단위로 인식되는가와도 깊은 관련이 있다. 영어의 문자는 단어를 이루는 음소 기능에 제한되지만 한자는 형태소(語素, morpheme)나 단어 기능을 한다. 특히 고대중국어에서는 대부분 한 개 한자가 한 개 단어가 되므로 단어(詞)문자라고도 칭하는 것이다. 한자가 중국어에 대하여 가지는 지위 문제는 여전히 계속 논쟁이 되고 있으나, 어법학자들은 한자를 중국어의 구성 단위로 보지 않으려는 경향이 강한 것 같다. 그러나 아래 예문 (1)은 중국 어문에서 형태소와 단어의 개념 구분이 매우 모호할 수밖에 없음을 보여 준다. 이는 자연히 한자와 중국어의 관계에 있어서 한자의 지위에 대해 다시 한 번 심사숙고할 여지를 남긴다.

(1) 人民不可以原諒爲出名不擇手段!
인민들은 출세를 위해서는 수단을 가리지 않는 것을 용납하지 않는다!

주지하듯 단어의 개념은 '음과 뜻을 가지고 독립적으로 운용할 수 있는 가장 작은 단위'이고, 형태소의 개념은 '음과 뜻을 가진 가장 작은 단위'이다. 그렇다면 예문에 쓰인 한자 '擇'는 형태소인가, 아니면 단어인가? 여기에서 '擇'는 독립 운용되고 있으므로 당연히 단어라야 하나 '擇'를 단어라고 하기에는 독립 운용 능력이 너무 약하다. 왜냐하면 예문 (1)의 '不擇(手段)'가 '不' 없이 '擇(手段)'만으로는 쓰이지 않기 때문이다. 그러나 이 또한 절대적인 답은 못 된다. 한자의 중국어 단위로서의 지위 문제는 당분간 학계의 토론을 더 거쳐 해결해야 할 문제로 남아 있다.

3. 영어 문자는 음소가 단위이나 중국어 문자는 음절(syllable)이 단위이다.

이러한 특징 때문에 한자를 '형태소 음절문자'라고도 칭하나, 이 또한 字와 형태소와의 관계와 字와 음절과의 관계를 혼동하는 데서 온 착각이다. 예를 들어, 'yí'라는 음절이 있다면 한국어는 추상적인 '이'라는 음절만 기록하면 될 것이나, 한자는 '咦', '遺(失)', '疑(問)', '彝(族)', '移(動)', '儀(式)', '(阿)姨' 등 구체적인 환경에서 'yí'음에 해당하는 구체적인 문자(한자)가 요구된다.

4. 영어 문자는 청각적인 요소가 강하고, 중국어 문자는 시각과 청각적인 요소가 모두 강하다.

아래 예문 (2)[43]로써 이러한 특징을 좀 더 쉽게 설명할 수 있다.

(2) a. 이승엽의 홈런이 선행주자의 누공과로 무효 처리됐다.
b. 이승엽의 홈런이 선행주자의 누공과(壘空過)로 무효 처리됐다.

예문 (2a)에서 '누공과'라는 말은 도대체 무엇을 의미하는가? 이와 비교하여 예문 (2b)에서 '누공과(壘空過)'는 의미의 전달에서 어떤 효과가 더 있을까? 후자의 전달력이 좀 더 낫다. 문자라는 것은 보고 듣는 효과가 결합된 것이고, 말이라고 하는 것은 청각적인 효과밖에 없는 것이다. 여기에서 문자의 表音과 表意의 차이점이 있다. 즉 표음문자에서, 예문 (2a)의 경우, 아나운서의 방송을 귀로 듣는 것과 서면어로 보는 것이 별반 차이가 없을 것이다. 그렇기 때문에 예문 (2b)의 '누공과(壘空過)' 처럼 표의문자를 병용하여 그 의미의 변별력을 보강하고자 하는 것이다. 다음 〈그림 5〉도 한자의 이러한 표의성을 잘 보여 주고 있다.

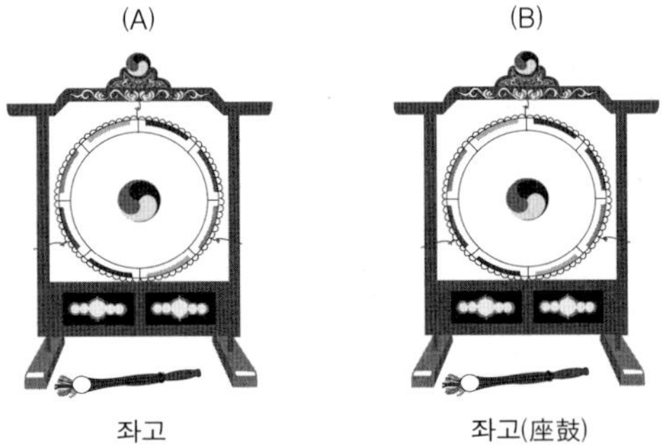

그림 5. 한자의 표의성을 보여 주는 예

43 예문은 2006년 6월 16일자 스포츠 관련 보도에서 찾아 볼 수 있다.

그림 속의 사물의 명칭을 전혀 몰랐을 때 (A)와 (B) 중에서 그 사물의 명칭을 어느 쪽이 더 잘 전달하고 있는가? 당연히 (B)이다. 이것이 표의문자인 한자의 특징이다.

5. 영어와 중국어의 문자에서 나타나는 理據는 성질이 다르다.

아래 〈그림 6〉의 '目, 浴, 洗, 沫, 祝, 客'의 경우, 고문자의 형체에서는 模寫적 특징에 의하여 직접적이고 구체적으로 그 글자의 造字 理據가 드러나는 데 반해서 원시단계 영어 단어의 경우, 'roll'에서는 개념과 형체 간에 아무런 理據가 보이지 않고, 제2단계의 합성어에서 비로소 그 理據가 보인다.

종합적으로 표의문자인 한자와 다른 표음문자의 특징의 공통점과 차이점을 알아보는 것은 한자의 특징을 정확하게 이해하고 또한 한자의 사용이 중국어에 어떤 특징과 연관이 깊은지를 이해하는 데 도움을 줄 수 있을 것이다.

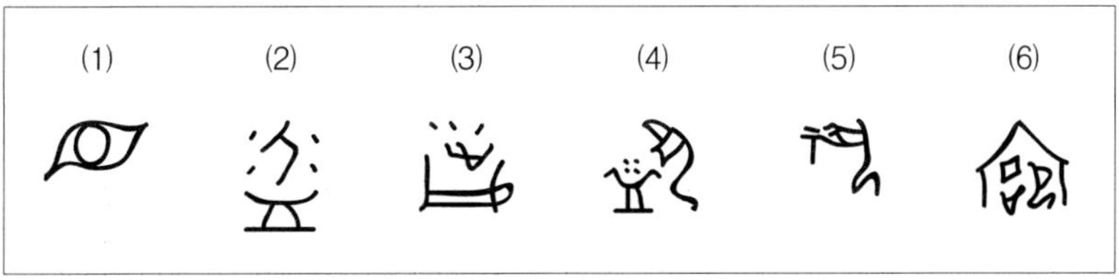

그림 6. 한자에 나타나는 모사성의 예

2) 한자에 나타나는 模寫性과 理據

한자는 표의문자로, 한자를 처음 만들 때에는 형체와 그 형체가 표시하는 의미 사이에는 직관적이고 직접적인 연관관계가 있었다. 그런 형체에서는 당연히 그 분석을 통하여 의미를 얻을 수가 있었다. 〈그림 6〉과 이에 대한 설명은 이러한 특징을 잘 보여 준다.

〈그림 6〉에서 (1)은 目(눈 목)자로서 독체자로 된 상형자이다. 나머지는 모두 두 개 이상의 뜻이 합쳐진 합체자이다. 독체자란 (1)처럼 윤곽을 표시하는 선이 계속 하나로 이어진 글자이다. 합체자는 이어지는 설명을 통해 알 수 있다. (2), (3), (4), (5), (6)은 각각 浴(씻을 욕), 洗(씻을 세), 沬(낯 씻을 회, hui로 독음함), 祝(빌 축), 客(손 객)이다. 모두가 두 가지 이상의 형체가 합쳐진 글자로 합체자이다. (2), (3), (4)는 사람의 신체와 물이 들어 있는 그릇의 모양을 표시한 글자이다. 그들은 모두 사람이 그릇 안에서 신체 부위를 씻는 모습을 묘사한 것이다. 차례대로 설명하면, (2)는 浴자이다. 그릇 속에 몸 전체가 들어가 물이 튀는 모양을 표시한다. (3)은 洗자이다. 그릇 위에 발이 들어가 물이 튀는 모양을 표시하였다. (4)는 沬자이다. 사람이 물이 들어 있는 그릇 옆에서 얼굴을 씻고 있는 모습이다. (5)는 祝자이다. 한 사람이 손을 들고 나무를 향해 기도하는 모양을 묘사한 것이다. (6)은 客자이다. 움막집 속에 '사람과 발과 입'이 있어서 사람이 실내로 걸어 들어가 말하는 모습을 묘사한 것이다. 합체 한자에서는 이렇게 두 개 이상의 뜻이 합쳐지면서 새로운 의미를 생성해 내기도 하고 한쪽은 뜻을, 다른 한쪽은 음을 나타내는 형식으로 조합되기도 한다. 古文字에서는 이와 같이 그것이 독체자이든 합체자이든 상관없이 문자와 의미 사이에 模寫性이 강하게 나타나서 理據가 뚜렷한 특징이 강하다.

3) 한자 형체의 변화와 理據의 조정

위에서 언급하였듯이 理據는 시대별로 달라질 수 있다. 한자의 역사에서도, 고대 한자(즉 고문자)에서는 模寫性이 강하게 나타나서 형체에서 직관적으로 理據가 강하게 나타나지만, 현대 한자에서는 理據가 약화된 것이 많다. 따라서 한자는 끊임없이 형체와 의미의 통일을 추구하며 理據를 조정하게 된다. 齊元濤·符渝(2006: 88~89)는 한자 理據 약화의 원인으로 한자의 형체 변화 외에도 '의미, 음성, 응용' 등 다른 방면에서의 변화까지도 설명하였다. 본 장에서는 형체의 변화에서 상실되는 理據의 예를 보겠다.

한자 변천의 분수령이라고 할 수 있는 예서체로의 변천(隸變) 과정과 현대 한자의 간화 과정에서, 상형의 특징인, 눈으로 바로 확인되는 理據가 많이 소실되고 자형의 혼란 현상도 많이 나타난다.

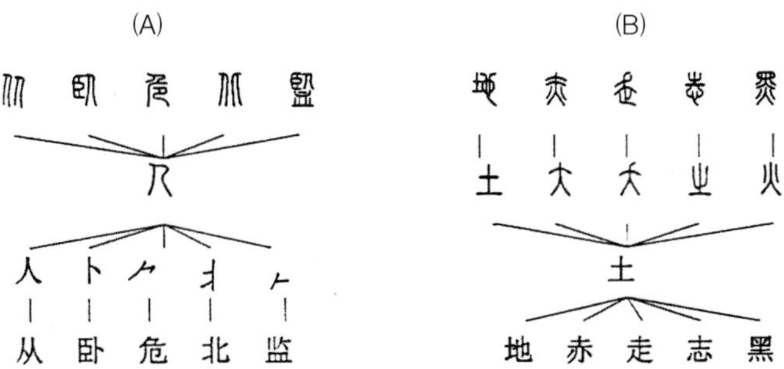

그림 7. 예서체에서 한자로의 변천 모습의 예[출처: 王寧(2001: 86)]

〈그림 7〉에서 (A)는 예서체에서는 원래 '사람 인(人)'으로 동일한 형체였던 것이 현대 한자 형체에서는 '畐' 등 여러 형체로 바뀌었고,

(B)는 예서체에서는 원래 '大', '夭', '火' 등의 서로 다른 형체이던 것이 현대한자에서는 다 같이 '土'로 변해서 서로간의 변별이 없어져 버린 것이다. 그러나 한자 구형(構形)의 理據를 찾을 때 (A)의 경우는 모두 '人'에서 理據를 찾아야지, 현대 한자에서 보이는 '葍' 등의 형체에서 理據를 찾으려고 해서는 안 된다. (B)의 경우도 서로 다른 理據를 가지는 형체들을 현재의 형체를 기준으로 모두 '土'로 인식해서도 안 된다.

한자 간화 정책의 과정에서 나타난 인위적인 조정으로 상실된 理據는 한자의 내부 발전과는 관계없는 경우도 더러 있다. 아래 〈그림 8〉은 이를 잘 보여 준다.

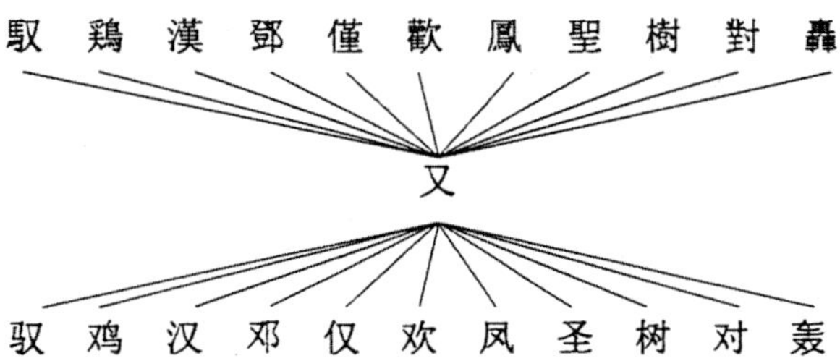

그림 8. 인위적인 한자 간화로 상실된 理據의 예[출처: 王寧(2001: 86)]

〈그림 8〉에서 여러 형태의 형체(한자의 구성 부분)를 '又'라는 부호가 대체하고 있다. 간화된 한자를 통해서는 원래 한자 構形 당시의 理據를 찾을 수가 없다. 그렇다면 이렇듯 이미 상실한 理據는 어떻게 찾아야 할 것인가? 사실상 이는 그리 쉽지 않아 보인다. 왜냐하면 상실한 理據를 되찾기 위해서는 원래 한자의 모습을 복원한 후 다시 理據를 찾아야 하기 때문이다. 여기에서 중요한 사실은 理據라는 것은 역사와 관

계가 있을 뿐만 아니라 역사 속에서 조정되는 理據는 연구와 학습을 통해서 얻어야 하는 경우도 생기기 때문이다.

4) 模寫性과 理據에 근거한 교육

중국어 교육에 있어서 한자의 중요성을 徐樞(1999)는 "한자는 하나의 음절이 형체(形體) 단위이자 곧 독음(讀音) 단위이다. 중국학생들이 형체나 독음을 틀리게 쓰고 읽는 것은 이러한 '字'의 단위에서 일어나는 문제이다. 또한 단어를 사용하면서 틀리는 경우는 '字'의 의미와 관계가 있다."라고 하였다.

2005년 4월 1일자 《人民日報》에 의하면 "表意 상형문자를 사용하는 중국인과 표음문자를 사용하는 서방인의 경우, 대뇌에서 차지하는 언어기능 관련 구역이 서로 다르다. 중국인은 뇌의 앞쪽에, 그리고 서방인은 뇌의 뒤쪽에 위치한다."라고 한다. 그리고 "뇌에서 중국어 기능과 관계된 구역은 운동을 담당하는 뇌의 구역과 가까이 있어서 중국어를 잘하려면 '운동'에 의지해서 많이 보고 많이 쓰고 많이 말하는 방법으로 내용을 기억하게 되고, 영어를 배울 때는 영어 능력과 관계된 뇌의 구역이 청취 담당 구역과 가까이 있기 때문에 음성 환경을 잘 만들어 줘서 듣는 연습을 많이 시켜야 한다."라는 것이다. 이러한 결과는 중국 교육부의 관련 센터와 홍콩대학이 공동 연구로 얻어낸 결과로 영국의 유명 과학저널인 《Nature》지에 실렸다.

王維民·楊洪亮(2004: 18)은 "라코프(1987)가 말했듯이, 理據가 존재하는 내용이 임의적인, 내용보다 배우기가 쉽고, 기억하고 응용하는 데 있어서도 理據를 갖춘 지식이 임의적인, 즉 理據를 갖추지 못한 지식보다 기억이나 응용이 쉽다."라고 언급하였는데, 한자와 중국어 교육에 있어서도 模寫性과 理據의 특징을 응용한다면 그 효과가 클 것이다. 특히 한자의 구형 理據에 대한 내용이 중국어 회화나 고대중국어에 대한 교육과 병행되면 교육의 효과는 더욱 커질 것이다.

3. 중국어의 模寫性과 理據

단음절로 표시되는 표의한자의 模寫性에 근거한 理據는 중국어의 형성과 구조에 영향을 미치게 된다. 이마트를 '易買得'로 코카콜라를 '可口可樂'로 표기하는 외래어 번역 등에서 한자의 해박한 지식을 요하는 것은 한자가 중국어 어휘에 미치는 영향 중의 하나일 것이다. 이는 표의문자가 가지는 중요한 특성 중의 하나로, 중국어가 의미형 언어로 분류되는 이유가 된다.

앞서 논의하였듯이, 언어학에서 말하는 模寫性은 주로 어법을 해석하면서 많이 운용되었다.

1) 중국어의 意合(parataxis)적 특성

徐通鏘(1999: 26)은 중국어를 의미형(語義型) 언어로, 그리고 인도유럽어와 같이 형태가 발달한 언어를 형태형(形態型) 언어로 분류하였으며, 더불어 의미형 언어의 어법 구조는 의미적 통사론에 속하고, 형태형 언어의 어법 구조는 형태적 통사론에 속한다고 하였다. 어의형 언어나 형태형 언어라는 표현은 다시 비교언어학자나 번역 전문가들 사이에서는 형합(形合)이나 의합(意合)이란 표현으로 많이 사용된다. 앞에서도 우리는 모사성과 理據를 설명하면서 宋志平(2003)의 말을 빌려서 영어의 形合(hypotaxis)적 특징과 중국어의 意合(parataxis)적 특징을 알아보았다. 영어가 形合을 중시한다는 말은 구조나 형식을 중시하여 복문 등에서는 일반적으로 논리적 표현의 연결사를 사용하여 문장자체의 통사 표시가 비교적 엄격하다는 의미이다. 그리고 중국어가 意合을 중시한다는 말은 형식이나 구조보다 기능이나 의미의 연결을 중요시한다는 의미이고, 그렇기 때문에 중국어에서는 연결어를 자주 사용하지 않음으로써 문장 구조가 비교적 간결해지는 경향이 있다. 사실 이들은 중국어는 어법 표지 형태가 두드러지지 않는 유형의 고립어의 특징을 서로 다른 각도에서 설명하는 것일 뿐이다. 의합 특징에 대하여 좀 더 설명을 하자면, 형식이나 구조를 중요시하지 않는 것은 사실 漢民族의 문화와 사유의 특성과 관련이 있다. 한민족의 문화와 사유 방식은 중국어의 형태와 통사에 있어서, 즉 단어를 생성하고 단어와 단어를 결합하고 더 나아가 단어와 구절 및 구절과 구절을 연결하면서 형태의 변화나 표지에 근거하기보다 주로 의미나 논리 관계에 의지하게 되는 것이다. 그 예로 중국어에서 주어가 수시로 暗換되거나(특히 고대중국어) 생략되어도 의미의 전달에는 지장을 주지 않는다. 또 주어나 술어를 담당하는 성분의 의미적 속성이나 어법적 속성에도 그다지 구애를 받지 않고, 문장 구조나 구절 구조에서의 주술 결합에서 인칭이나 性, 數의 일치를 요구받지도 않는다. 그러나 중국어에서는 역사적으로 約定俗成된 理據가 매우 발달해 있어서 의미의 전달에는 아무런 문제가 없다.

앞서 언급하였듯이, 理據에는 역사성이 있다. 중국어의 語義型 특성은 중국어 발전의 역사적 기초 위에서 理據을 찾을 수 있다. 語義型 언어라 함은 意合적 특성이 강하다는 특징이 있고, 이런 특징은 연결어를 사용하지 않고 無標的(non-marked)으로 의미의 조합이 이루어지게 되어 문장 구조가 비교적 간결해지는 결과를 낳는 경향이 있다. 중국어는 對句 형식의 사용 빈도가 특히 많은데, 이럴 경우 문맥이나 한 문장의 앞뒤에서 평행성 구조의 같은 위치에 있는 단어들은 그 단어의 품사나 의미가 서로 비교될 수 있다. 단어의 의미를 연구하려고 할 때 이는 매우 유용한 理據를 제공해 주는 방법으로, 훈고학에서는 이를 排比귀납법이라고도 부른다. 예를 들어 보자.

(3) 一木不成林，一花不成春。〈諺語〉
나무 하나로 숲을 이룰 수 없고, 꽃 하나로 봄을 이룰 수 없다.

(4) 木不離根，水不脫源。〈諺語〉
나무는 뿌리와 떨어질 수 없고, 물은 그 원류를 떠날 수 없다.

(5) 責人者不全交，自恕者不改過。〈景行錄〉
남을 꾸짖는 자는 사귐을 온전히 할 수 없고, 자기를 용서하는 자는 허물을 고치지 못하느니라.

위 예문 (3), (4), (5)는 하나같이 연결어를 사용하지 않고도 구절 간에 의미의 전달이 이루어지고 있다. (3), (4), (5)에 보이는 '不'은 모두가 '~할 수 없다'라는 부정의 가능을 표시하고 있다. 고대중국어에서 이와 같이 두 개의 절이 대구 형식으로 쓰인 문장에서는 그 구성 단위들의 의미와 전체 조합 의미를 파악하는 데 어려움을 느끼지 않는다. 그렇다면 이들 '不'은 왜 단지 부정 표시의 어법의미만을 표시하지 않고 부정 가능이란 의미를 표시하는 것일까? 이를 어떻게 설명할 것인가? 필자는 중국어의 역사적 현상에서 이런 현상의 설명에 필요한 理據

를 찾을 수 있다고 본다. 역사적으로 '不'은 가능을 표시하는 단어의 대가 되는 의미로 많이 쓰였다. 위에 언급한 排比귀납법으로 그 의미를 파악할 수 있는데, 순자의 《권학편》에 "鍥而捨之, 朽木不折; 鍥而不捨, 金石可鏤。(새기다가 쉬어 버리면 썩은 나무도 새길 수가 없고, 새김을 계속하면 금석도 뚫을 수가 있다.)"란 문장이 보인다. 여기에서 제2절의 세 번째 자 '不'은 제4절의 같은 위치의 '可'와 대응을 이루고 있다. 여기에서 우리는 '不'의 의미가 '不可'임을 알 수 있다. 선진 고대중국어에 이렇듯 '不'가 부정 가능을 표시하는 예는 매우 많다. 아래 (6)~(8)에 보이는 '不'은 누가 보아도 당연히 부정 가능의 의미로 이해할 것이다. 이렇게 이해하게 되는 데에는 《권학편》의 예에서 보듯 중국어의 역사적 발전 과정에서 나타나는 언어 현상에서 理據가 존재하기 때문이다. 그리고 이러한 理據는 중국인의 사유 속에 약정속성(約定俗成)이란 사회적 약속이 이루어졌다고 보아야 할 것이다.

(6) 無鹽不解淡。〈諺語〉
소금이 없으면 싱거운 것을 해결할 수가 없다.

(7) 水淸不養魚。〈諺語〉
물이 너무 맑으면 고기를 기를 수 없다.

(8) 不共戴天。
(不俱戴天과 같은 의미) 한 하늘 아래 같이할 수 없다.

다음 (9)~(11)은 연결어를 사용하지 않고 의미의 전달이 이루어지는 意合적 특징과 모사성과의 관계를 잘 보여 준다.

(9) 你不去, 我也不去。
네가 가지 않으면, 나도 안 가겠다.

(10) 你死了，我做和尚。

네가 죽으면, 나는 스님이 되겠다.

(11) 不見不散。

만날 때까지 기다리기.

(9)~(11)은 모두 선행절이 가정의 의미를 표시하지만, 그를 표시해 주는 형태소는 없다. 이는 宋志平(2003)의 주장처럼 중국어가 意合(parataxis)을 중시하기 때문에 의미 정보를 전달하고자 할 때 형식이나 구조에 의지하기보다도 오히려 기능이나 의미의 연결에 의지하여 나타내는 경우가 많기 때문이다. 이렇듯 형식이나 구조가 없이도 意合이 가능하고 어법 규칙에도 어긋남이 없는 것은 (9)~(11)이 중국어의 시간순서원칙(順序模寫性)을 따르고 있기 때문이기도 하다. 그러므로 연결어를 사용하지 않고 문장 구조를 비교적 간결하게 하는 등의 의합적 특징과 模寫性과는 깊은 관계가 있다고 할 수 있다. 즉, 중국인의 언어 구조가 그들의 경험과 위배될 때는 연결사 등의 도움 없이 문장을 비표적으로 간결하게 하는 것은 불가하게 된다. 따라서 (9)~(11)을 아래와 같이 변환하는 것은 불가능하며 이들은 모두 비문이 된다.

*我也不去，你不去。| *我做和尚，你死了。| *不散不見。

2) 중국어 어휘의 단음절적 특징

한자의 表意적 특징과 意合형이라는 중국어의 유형적 특징을 잘 보여 주는 것으로 축약어가 있다. 현대중국어 어휘는 그 발전의 추세가 대부분 이음절화 되는 경향을 보인다. 그러나 실제 중국어 사용(특히 공고문, 공용 서면어 등)에서 보면 이음절로 음절 단위가 형성되지만 그 이음절 단위는 사실상 단어가 아니고 단어의 조합으로 이루어진 경우를 많이 접하게 된다. 이는 중국어가 현대에 이르러서도 여전히 단음절적 특징을 강하게 보여 주는 것이다. 이와 같은 단어가 아닌 이음절 조합어들은 사전 등을 통해 이해하는 것보다 한자와 중국어 단어의 사용에서 나타나는 理據와 단음절적 중국어의 특징 등을 통하여 이해하는 것이 훨씬 효과적이다. 실제로 아래 예문 (12)~(14)에 보이는 '濾減', '外購', '加選' 등은 상무인서관에서 펴낸 《現代漢語詞典》에서는 단어로 등록되어 있지 않았기 때문에 사전에서는 그 의미의 정보를 찾을 수도 없다. 그러나 우리는 이들 사전에 등록되지 않는 조합어들도 한자들의 기본적인 의미를 알고 있으면 이들 조합어의 의미를 어렵지 않게 이해할 수가 있다. 필자는 이러한 현상에 근거하여 중국어를 意合형 언어 유형으로 분류하는 기저에는 중국어가 한자라는 표의문자를 사용하는 사실과 밀접한 관련이 있다고 보는 것이다.

(12) …煙沉入水中濾減尼古丁是老祖宗的智慧。
…연기가 물속으로 들어가서 니코틴을 거른다는 것은 조상들로부터 내려온 지혜이다.

(13) 這種藥醫院藥房沒有, 得外購。
이런 약은 병원의 약국에는 없고, 밖에 나가서 사 와야 된다.

(14) 經導師同意, 可選以上課程以外的課程。
지도 선생님의 동의를 거쳐야만, 위의 과정 이외의 과정을 선택할 수 있다.

예문 (12)에서, '濾減'는 원래 '過濾(여과하다)'와 '減少(감소하다)'가 합쳐져서 '걸러져서 감소하다'의 의미를 나타낸다. 예문 (13)에서,

'外購'는 원래 '外邊(밖)'와 '購買(구매하다)'가 합쳐져서 '밖에 나가서 구매하다'의 의미를 나타낸다. 예문 (14)에서, '可選'는 원래 '可以(가능하다)'와 '選擇(선택하다)'가 합쳐져서 '선택할 수 있다'의 의미를 나타낸다. 이들 조합에서도 順序模寫性 특징은 강하게 나타나고 있어서 '濾減', '外購', '可選'의 조합 순서를 바꾸어서 '減濾', '購外', '選可'로 할 수는 없다. 이들 축약어는 의미를 가지는 구성 단위인 한자(대부분의 경우 형태소가 됨)의 조합으로 이루어진 것으로서 인도유럽어에서 이니셜을 따서 조합되는 축약어와 비교했을 때, '정보량이 더욱 크고, 기억이나 이해하기도 쉽다'는 특징이 있다.

3) 중국어 품사의 다기능적 특징

뜻이 통하는 것을 우선으로 하는 意合 형식을 중시하는 것은 결과적으로 중국어 품사가 다기능적 특징을 갖게 하였다. 명사가 동사적으로 쓰이는 경우가 그 한 예이다. 예를 들면, 갑골문에도 이미 보이는 "天雨。" 같은 문장에서는 명사인 '雨'가 동사처럼 '비가 내린다'는 서술적 의미로 쓰이고 있다. 이러한 쓰임은 흔하게 나타나며, 어법에서는 이를 명사의 동사 활용으로 설명한다. 고대중국어에서 특히 '비유', '사람을 대하는 태도', '처소', '도구', '수단', '시량' 등의 의미를 표시할 때, 명사가 동사로 활용되어 부사어 기능을 하는 경우가 많다. 필자가 보기에는 중국어의 품사의 다기능적 특징(품사 활용)도 역시 意合 특성이 강한 중국어 특성에서 나타난 결과라고 본다. 다음 예를 보자.

(15) 豕人立而啼。〈左傳·莊公八年〉
돼지가 사람처럼 서서 울다.

(16) 秦者, ……虜使其民。〈戰國策·趙策〉
진은 ……백성을 포로처럼 대하였다.

(17) 舜勤於民事而野死。〈國語·魯語〉
순은 백성의 일을 돌보다가 들에서 죽었다.

(18) 秦惠王車裂商君以徇。〈史記·商君列傳〉
진왕은 상군을 수레로 찢어서 죽이라고 하였다.

(19) 火三年不滅。
전쟁이 3년이나 그치지 않았다.

(20) 三年之喪與新有婚者, 期不使。〈禮記·禮運〉
삼년상에 있는 사람과 새로 결혼한 사람은 일 년 동안 부리지 않는다.

예문 (15)에서 '人'은 '사람처럼'이란 비유로 쓰였고, 예문 (16)에서는 '虜'를 '포로처럼'이란 상대를 대하는 태도로, (17)에서 '野'는 '들에서'란 장소적 의미로, (18)에서 '車'는 '수레로'란 도구의 의미로, (19), (20)의 '三年'과 '期'는 각각 '삼 년 동안'과 '일 년 동안'이란 시간의 양을 뜻하고 있다. 이들 명사들은 모두 부사어 기능을 하고 있기 때문에 품사 분류상 명사의 기능과는 거리가 있다. 이런 양상은 현대중국어에서도 보인다. (21), (22)는 그 예이다.

(21) 要禮貌待人。
예로써 사람을 대해야 한다.

(22) 我們電話聯系吧。
우리 전화로 연락하자.

위 예문을 묘사주의적 입장을 견지하는 일부 중국어학 교재에서는 (21)의 경우, 명사 '禮貌'가 동사 '待'를 수식하는 것으로, 그리고 (22)

의 경우, 명사 '電話'가 동사 '聯系'를 수식하는 것으로 묘사하여, 현대 중국어는 명사가 동사를 수식하는 경우도 있다고 설명한다. 필자는 앞서 (15)~(20)에서도 보았듯이, 중국어의 역사적 사실은 중국어 명사가 '비유', '사람을 대하는 태도', '처소', '도구', '수단' 등의 의미를 표시할 때는 無標적으로 동사적인 의미를 표시하므로, 현대중국어에서도 이들 현상이 나타나는 것이라고 설명하는 것이 더욱 바람직하다고 생각한다. 이는 사유의 순서와 언어 단위 배열의 순서가 동일하다는 順序模寫性과도 일치한다. (18)에서 '禮貌', 즉 예의를 갖추는 것은 사람을 대한다는 '待'에 비해 선행되어야 할 동작이다. 그리고 (19)에서 '電話', 즉 전화를 걸다는 동작은 연락하자는 '聯系'에 선행되어야 할 동작이다. 이렇듯, 현대중국어의 경우, '도구', '수단', '시량' 등을 표시할 때 비표적으로 동사 앞에서 출현이 가능한 것은 중국인의 사유와 언어습관에 있어서 順序模寫性이 일치하기 때문이다. 이런 현상은 중국어 교육에 있어서 중요하지만, 비교적 설명이 쉽지 않는 부분이므로 또 다른 예문을 살펴보도록 하겠다. 아래의 현상 (23)~(28) 또한 중국어의 모사적 특징을 잘 보여 주는 예이다.

(23) 我們三天沒有睡覺。
우리들은 3일 동안이나 잠을 자지 않았다.

(24) 我三塊錢買了這件衣服。
나는 3원으로 이 옷을 샀다.

(25) 左手打人，右手寫字。
왼손으로는 사람을 때리고, 오른손으로는 글을 쓴다.

(26) 他們毛筆畫畫兒，鋼筆寫字。
그들은 붓으로 그림을 그리고 만년필로 글을 쓴다.

(27) 口頭說話，手頭寫字。
입으로는 말을 하면서, 손으로는 글을 쓴다.

(28) 他們正在在大廳裏大碗吃，大碗喝。
그들은 대청 안에서 큰 사발로 먹고 마시고 있었다.

(29) 這次競選首次電視轉播了總統候選人辯論的場面。
이번 선거는 처음으로 후보자들의 토론 장면을 TV로 중계했다.

(23), (24)의 '三天', '三塊錢'은 양적인 개념을, (25)~(29)의 '左手', '右手', '毛筆', '鋼筆', '口頭', '手頭', '大碗', '電視' 등은 수단이나 도구의 개념을 표시한다. 이들 양적인 개념을 표현하는 성분이나 수단이나 도구의 개념을 표현하는 성분은 모두 동작이 일어나기에 앞서 선행적으로 준비되어야 할 내용들이다. 즉, 이들 예문은 중국인의 사유와 언어습관에 있어서 順序模寫性과 일치하기 때문에 비표적으로 동사 앞에 위치한 것이다. 만약 模寫性에 위배된다면 대략 (23′)~(27′)처럼 상황에 맞게 유표적으로 어순을 바꾸거나 혹은 (28′)~(29′)처럼 변환이 아예 불가능한 경우도 생길 것이다.

(23′) 我們沒有睡覺已經有三天了。
우리들은 잠을 못 잔 지 3일이 되었다.

(24′) 我買這件衣服花三塊錢了。
내가 이 옷을 사는 데는 3원이 들었다.

(25′) 打人用左手，寫字用右手。
사람을 때리는 데 왼손을 쓰고, 글을 쓰는 데는 오른손을 쓴다.

(26′) 他們畫畫兒用毛筆，寫字用鋼筆。
그들은 그림을 그리는 데 붓을 쓰고, 글을 쓰는 데 만년필을 쓴다.

(27′) 說話用口頭，寫字用手頭。
말은 입으로 하고, 글은 손으로 쓴다.

(28′) *他們正在在大廳裏吃用大碗，喝用大碗。
(변환 불가)

(29′) *這次競選首次轉播用電視了總統候選人辯論的場面。
(변환 불가)

다음은 意合형의 특징이기는 하나 模寫性과 좀 거리가 있는 표현들도 있다. 중국어의 단음절적 특징에 익숙한 사람들의 사유는 형식을 중시하지 않고 의미의 조합과 전달을 중시하는 意合型 중국어의 특징에 필연적으로 적응하게 되었다. 이는 중국이란 지역 속에서 유구한 역사와 함께 형성되어 온 지역의 문화와 그 문화를 형성해 온 중국인의 사유체계와도 밀접한 관련이 있다. 이러한 언어와 사유와의 관계는 음률을 중시하는 시가 문학과 율문에서 더욱 두드러진다. 시는 어순의 규칙에 있어서 비교적 자유롭다. 예를 들어, 이백의 「靜夜思」란 시에서 보이는 "床前明月光，疑是地上霜。擧頭望明月，低頭思故鄕。(침대 머리에 달빛 밝게 비치니, 마치 땅 위에 서리가 내린 듯하다. 고개 들어 밝은 달을 보다가, 고개 숙이니 고향 생각이 절로 난다.)"이란 구문을 보면, 제1절의 '明月光'은 '明月+光'(밝은 달이 빛난다)나 '明+月光'(달빛이 밝다)로 이해해도 다 무방하리란 생각이 든다. 한자를 사용하는 중국어의 표현상의 특징이라 할 것이다. 동일한 동목 구조가 나타내는 상이한 의미구조도 또한 이러한 특징을 잘 보여 준다. 중국어 술목 구조의 전형적인 의미의 결합은 아마도 '吃飯'과 같이 동작과 동작의 대상으로 되는 경우가 일반적이라 할 수 있을 것이다. 그러나 '吃食堂(식

당에서 식사를 하다)'란 의미 조합도 가능하다. 이는, '먹다(吃)'의 의미는 그대로 유지하면서 뒤에 조합되는 단어의 의미에 따라 탄력 있게 '동작-대상' 혹은 '동작-장소'로 변하게 된다. (30)~(31)처럼 '跑'나 '養' 같은 동사도 목적어와의 관계에 있어서 형태의 변화 없이 탄력 있게 의미 관계를 형성한다.

(30) 跑運動場
운동장을 돌다

跑外交
외교로 이리저리 바쁘게 뛰어다니다

跑資料
자료 구입을 목적으로 이리저리 뛰어다니다

(31) 養病
병을 치료하다

養車
차를 굴리다

養牛
소를 기르다

한자는 形·音·義가 한 음절로 나타나는 표의문자(表意文字)이다. 표의문자인 한자가 중국어에서 기능하는 역할은 표음문자에서 음소가 그 언어에 작용하는 역할과는 큰 차이가 있다. 중국어를 기록하는 한자는 중국어의 발전 과정 속에서 줄곧 표의적 특징을 보여 왔다. 한자의 표의적 특징은 한자의 역사를 오래 유지할 수 있게 하였고, 중국어가

意合性이 강한 언어로서의 유형적 특징을 가지게 하는 것과도 관련이 깊다. 또한 한자의 표의적 특징과 중국어의 意合적인 유형적 특징은 한자와 중국어에 두드러진 模寫性과 理據와도 관련이 깊다.

본 장의 주요 내용을 다음과 같이 요약할 수 있다.

(1) 模寫性과 理據는 다 같이 자의성(恣意性)에 상대적인 개념이다.

(2) 오랜 발전과 변천 과정을 거치면서도 한자는 形·義의 통일에 대한 理據를 계속 유지하고 있다.

(3) 중국어에 보이는 의합적 특징, 단음절적 특징, 품사 다기능적 특징들은 한자의 사용과 밀접한 관련이 있다.

참고문헌

Adele. E. Goldberg 著, 吳海波 譯. 2007.《構式: 論元結構的構式語法硏究》, 北京大學出版社.

L. Bloomfield. 1933. Language, 外語教學與硏究出版社(2001년 번역본), 215.

L. G. Alexander. 1988. *Longman English Grammar*, London and New York: Longman.

Li, C. N. & Thompson, S. A.. 1976. "Subject and Topic: A New Typology of Language", In Li. (ed), *Subject and Topic*, 457~489. New York: Academic Press.

Li, C. N. & Thompson, S. A.. 1981. *Mandarin Chinese: A Functional Reference Grammar*, University of California Press. (黃宣範 譯, 1983,《漢語語法》, 文鶴出版有限公司.)

Ronald W. Langacker. 1987. Foundations of Cognitive Grammar, Vol. 1, Stanford: Stanford University Press.

Ronald W. Langacker. 1987. Nouns and Verbs, *Language*, Vol. 63, N. 1.

Ronald W. Langacker. 1991. Foundations of Cognitive Grammar, Vol. 2, Stanford: Stanford University Press.

Tai, James H-Y. 1985. "Temporal sequence and Chinese word order", In John Haiman. (ed), *Iconicity in Syntax*, 49~72. Amsterdam: Benjamins. (黃河譯, 1988, 時間順序和漢語的語序,《國外語言學》第1期, 10~20.)

Tai, James H-Y. 1998. "'Topic', 'Subject' and Argument Selection in Chinese", *Tsing Hua Journal of Chinese Studies*, New Series 27, 83~101.

Tsao Feng-fu, 1979. *A Functional Study of Topic in Chinese: The First Step Towards Discourse Analysis*, Student Book Co., Ltd.. (李穀城摘譯, 1984, 主語與主題: 一種新的語言類型學,《國外語言學》第2期.)

Yuen Ren Chao. 1968. *A Grammar of Spoken Chinese*, University of

California Press, Berkeley and Los Angeles. (吕叔湘 역. 1979.《漢語口語語法》, 北京: 商务印書館.)
董紅. 2008.《陳述、指稱與現代漢語語法現象研究》, 安徽大學出版社.
高順全. 1994. 從單項NP句看句子的主語和主題,《河南大學學報》第4期, 76~81.
高順全. 1998. 句首位置與主題化,《漢語學習》 第7期.
高增霞. 2007. 論連動結構的有界性,《河南師範大學學報》第3期.
古川裕. 2001. 外界事物的"顯著性"與句中名詞的"有標性"—"出現存在消失"與"有界無界",《當代語言學》第4期.
郭燕妮. 2011. 试评'再谈《马氏文通》無单句、複句之分',《盐城師範学院学报》第2期, 101~104.
郭中平. 1957. 單句複句的劃界問題,《中國語文》第4期.
管燮初. 1994.《左傳句法研究》, 安徽教育出版社.
屈承憙. 2005.《漢語認知功能語法》, 黑龍江人民出版社.
紀光一. 1998. 新舊語法系統比較,《語文教學與研究》第6期.
吉田泰謙. 2007.《現代漢語謂詞性主語句研究—指稱性主語與陳述性主語的句法語義差別探析》, 北京大學博士學位論文.
金立鑫. 1991. 對現代漢語主語的再認識,《煙臺大學學報》第3期.
김종도 역. 1999.《인지문법의 토대 Ⅰ - 이론적 선생 조건들》, 박이정.
김종도 역. 1999.《인지문법의 토대 Ⅱ - 이론적 선생 조건들》, 박이정.
김태성. 2000.《최신중국어법노트》, 문예림.
김현철. 1999. 現代中國語主語·賓語同一文型硏究,《中國語文學論集》第11號, 555~570.
나익주 옮김. 2005.《개념·영상·상징 - 인지적문법의 토대》, 박이정, (R. W. Langacker. 1991. *Concept, Image, and Symbol: The Cognitive Basis of Grammar.*)
魯川. 2007. 漢語語法主要研究用字構詞造句的排序理據,《漢字文化》第4期, 20~29.
唐秀令. 1997.《論話題及其在漢語研究中的應用》, 上海師範大學博士學位論文.
唐青葉. 2003. 界性的變異及其認知分析,《解放軍外國語學院學報》第5期.
戴浩一 著, 黃河 譯. 1988. 時間順序和漢語的語序(1985),《國外語言學》第1期, 10~20.
鄧文彬. 1994. 漢語單複句劃界研究問題論說,《西南民族學院學報》第4期.

鄧福南. 1980.《漢語語法專題十講》, 湖南人民出版社.
邓英树. 2002. 不相连的稱代複指與单句、複句的劃分,《四川师範大学学报》第3期, 84~88.
駱小所·謝學敏. 2001. 論單句、複句的結構機制及二者所負載的信息差異,《雲南師範大學學報》第4期, 21~25.
呂叔湘. 1979.《漢語語法分析問題》, 商務印書館.
呂叔湘. 1980.《語文常談》,《呂叔湘文集》(五), 38~39, 商務印書館.
呂爲光. 2007. "了"的"有界"功能,《湖北經濟學院學報(人文社會科學版)》第3期.
雷航外 譯. 1991.《朗文英语语法》, 北京: 外语教学與研究出版社.
劉世儒. 1957. 試論漢語單句複句的區分標準,《中國語文》第5期.
陸儉明. 1986. 周邊性主語句及其他,《中國語文》第3期.
陸儉明. 1990. 漢語句法成分特有的重疊現象,《中國語文》第2期, 81~90.
陸儉明. 1993. 漢語句子的特點,《漢語學習》第1期.
陸儉明. 2004. 句式語法理論與漢語研究,《中國語文》第5期, 412~416.
陸志韋. 1963. 從'謂語結構'談起,《中國語文》第4期.
李守江. 2006. 试用'原型'理论分析单複句,《现代语文(语言研究版)》第9期, 24~25.
李英哲. 2001.《漢語曆史共史語法論集》, 北京語言文化大學.
李晉荃. 1995. 句法成分的話題化,《語法研究和探索》(七), 北京大學出版社.
李漢威. 1998.《簡論劃分漢語單句複句的標准》, 華中師範大學學報.
馬建忠. 1898.《馬氏文通》, 商務印書館, 1998.
莫彭齡. 1986. 關於動詞, 形容詞作主語, 賓語的問題. (張拱貴主 編.《中學教學語法系統闡要》, 79~85, 語文出版社.)
박덕준. 2001. 중국어 복문 교수법 연구,《中語中文學》第27輯, 39~55.
박영록. 1991. 現代中國語 主題說의 몇 가지 問題點,《중국문학연구》제9집.
박영록. 1991. 現代中國語의 二重主語文 研究, 성균관대학교 석사학위논문.
박영록. 2005. 中國語統辭構造의 '理據'와 字本位論,《中國文學研究》제31집, 291~327.
樸重奎. 2003. 單個動詞作主語的語義語法考察,《漢語學習》第6期, 25~31.
潘文國. 2001. "字"與Word的對應性(上),《暨南大學華文學院學報》第3期.
潘玢潔. 2005. 試論漢字對漢語的適應與影響,《太原師範學院學報》第1期, 116~118.
方經民. 2004. 地點域/方位域對立和漢語句法分析,《語言科學》第6期, 27~41.

方環海·譚鄕榮. 2008. VP非謂語句中VP和空主語的句法語義特征,《語言科學》第2期, 159~167.
백은희. 2007. 중국어의 문장구조는 논리판단의 유형에 의하여 결정되는가?,《中國言語硏究》제24집, 367~387.
范繼淹·徐志敏. 1981. 關於漢語理解的若幹句法、語義問題,《中國語文》第1期.
范曉. 1991. 試論語義結構中的主事,《中國語言文學硏究的現代思考》, 上海複旦大學出版社.
范曉. 1998. 漢語句法結構中的主語,《語言硏究的新思路》, 上海教育出版社.
范曉. 2001. 關於漢語的語序問題(一),《漢語學習》第5期, 1~12.
范曉. 2001. 關於漢語的語序問題(二),《漢語學習》第6期, 18~28.
謝信一 著, 葉蜚聲 譯. 1991. 漢語中的時間和意象(上)(1989),《國外語言學》第4期, 27~32.
史有爲. 1995. 主謂後停頓與話題,《中國語言學報》, 第7期, 商務印書館.
謝應光, 1996. 英語語法硏究中的"有界"與"無界"概念,《山東外語教學》第4期.
謝應光. 2002. 英語中的有界名詞詞組與無界名詞詞組,《天津外國語學院學報》第3期.
謝應光. 2006. 語言中的界限設置,《四川師範大學學報(社會科學版)》第1期.
謝應光. 2008. 語言硏究中的離散性和連續性概念,《重慶師範大學學報(哲社版)》第2期.
徐烈炯·劉丹靑. 1998.《話題的結構與功能》, 上海教育出版社.
徐盛桓. 2002. 語義數量特徵與英語中動結構,《外語教學與硏究》第6期.
徐盛桓. 2005. 結構和邊界—英語動詞謂詞性補足成分語法化硏究,《外國語》第1期.
徐樞. 1999. 關於中學語文教學改革的幾點思考,《問題與對策: 中小學語文教育改革(2000)》, 人民教育出版社.
徐通鏘. 1994. "字"和漢語硏究的方法論—兼評漢語硏究中的"印歐語的眼光",《世界漢語教學》第3期, 1~14.
徐通鏘. 1999. "字"和漢語語義句法的生成機制,《語言文字應用》第1期, 23~33.
徐通鏘. 2005. "字本位"和語言硏究,《語言教學與硏究》第6期, 1~11.
石毓智. 2000.《語法的認知語義基礎》, 江西教育出版社, 159~161.
石毓智. 2001.《語法的形式和理據》, 江西教育出版社.
石定栩. 1998. 漢語主題句的特性,《現代外語》第2期.
邵敬敏. 2007. 建立以语义特征为标志的汉语複句教学新系统刍议,《世界汉语教学》第4期, 94~111.

邵霭吉. 2003.《马氏文通》缘何没有单句複句术语,《晋东南師範专科学校学报》第3期, 54~56.

孙良明. 1983. 从汉语动词特點谈汉语無单句複句之分,《山东师範大学学报》第1期, 51~56.

孙良明. 1989. 汉语没有单、複句之分主张的先导—纪念《马氏文通》出版90周年,《山东师範大学学报》第1期.

孙良明. 1994. 再論按結構層次關係分析,取消单句複句劃分,《语言教学與研究》第2期, 33~48.

孙良明. 2000. 汉语单複句劃分标准评析,《山东师範大学学报》第1期, 88~92.

孙良明. 2007a. 再谈《马氏文通》無单句複句之分—兼说汉语现代语法学史上历史性的'大''小'两误会,《励耘学刊》第2期.

孙良明. 2007b. 研究汉语单複句劃分应當明瞭的问题,《语言教学與研究》第2期, 56~63.

宋玉柱. 1986. 谈关联词语在单句中的作用,《思维與智慧》第2期,

宋玉柱. 1989. 談談句子成分和句法成分,《學語文》第6期.

宋志平. 2003. 英漢語形合與意合對比研究綜觀,《東北師大學報》第2期, 92~98.

隨利芳. 2007. 與連詞有關的單複句區分問題,《解放軍外國語學院報》.

沈家煊. 1993. 句法的象似性問題,《外國教學與研究》第1期, 2~8.

沈家煊, 1995. 有界與無界.《中國語文》第5期.

沈家煊. 1999.《不對稱和標記論》, 江西教育出版社.

沈家煊. 2000. 句式和配價,《中國語文》第4期, 291~297.

沈家煊. 2004. 再談"有界"和"無界",《語言學論叢》第30輯.

若埃爾白樂桑(Joel Bellassen) 著(法)·張朋朋 [編], 1997.《漢語語言文字啟蒙 Ⅰ·Ⅱ》. 華語教學出版社.

楊成凱. 1996.《漢語語法理論研究》, 遼寧教育出版社, 267~274.

楊成凱. 1997. '主主謂'句法範疇和話題概念的邏輯分析,《中國語文》第4期, 251~259.

양세욱. 2002. 고전중국어의 화제화와 대용어,《중국문학》제37집, 315~334.

楊必勝. 1983. 是'省略—複句', 还是'共戴—单句'?—兼谈单複句的区分标准,《语言教学與研究》第4期, 89~101.

嚴辰松. 1997. 語言臨摹性概說,《國外語言學》第3期, 21~25.

嚴辰松. 2002. 論“字”對漢語和語法的影響,《現代外語》第3期, 231~240.
吳平. 2006. 論元控制謂詞與非論元控制謂詞的邏輯語義分析與計算,《外語與外語教學》第3期, 5~10, 56.
王寧. 2001.《漢字學概要》, 北京師範大學出版社.
王丹. 2006.《漢語動詞的“界限”問題研究》, 東北師範大學碩士學位論文.
王丹. 2007. 界限理論在漢語動詞中的應用,《沈陽航空工業學院學報》第6期.
王大成. 2009. 漢語謂語動詞“有界”研究,《平原大學學報》第2期.
王力. 1956. 主語的定義及其在漢語中的應用,《語文學習》第1期.
王莉莉. 2000. ‘指稱性主語、陳述性主語’分類質疑, ≪山西大學學報≫ 第1期, 91~95.
王若江. 2004. 對法國漢語教材的再認識,《漢語學習》第6期.
王榮. 2006. 有界名詞與無界名詞概念組合的語義的取捨與突顯, ≪語文學刊≫ 第14期.
王玉華. 2004. 完句成分與“有界”、“無界”,《語文學刊》第3期.
王寅. 1999. Iconicity的譯名與定義,《中國翻譯》第2期, 48~50.
王寅. 2000. 再論語言符號象似性—象似性的理據,《外語與外語教學》第6期, 4~7.
王寅·李弘. 2004. 體驗哲學和認知語言學對詞彙和詞法成因的解釋,《外語學刊》第2期.
王一平. 1994a.《動詞謂語句中的主語問題》, 複旦大學博士學位論文.
王一平. 1994b. 試述主語和主題的研究-爲胡裕樹先生學術討論會而作,《營口師專學報》第3期.
王駿. 2005. “字本位”理論和對外漢語教學,《雲南師範大學學報》第1期, 1~6.
王彪. 1986. 複指主語句結構分析,《大慶師專學報》第3期.
汪洪瀾. 1995. 主謂謂語句研究綜述,《蘭州學刊》第2期.
王紅斌. 2008. 動賓式被動有界結構,《青島大學師範學院學報》第4期.
姚振武. 1994. 關於自指和轉指,《古漢語研究》第3期.
姚振武. 1996. 漢語謂詞性成分名詞化的原因及規律,《中國語文》第1期, 131~139.
熊仲儒. 2001. 零成分與漢語‘名物化’問題,《現代外語》第3期, 228~236.
熊仲儒. 2009a. 論外圍格的論元地位,《安徽師範大學學報》第5期, 560~566.
熊仲儒. 2009b. 論元與謂詞的語義關系,《外國語(上海外國語大學學報)》第5期, 20~27.
袁毓林. 1996. 話題化及相關的語法過程,《中國語文》第4期.
袁毓林. 2004. 論元結構和句式結構互動的動因、機制和條件—表達精細化對動詞配價和句式構造的影響,《語言研究》第4期, 1~10.

俞敏. 1957. 漢語的句子,《中國語文》第7期.
劉辰誕. 2005. 論元結構 - 認知模型向句法結構的投射的中介,《外國語(上海外國語大學學報)》2, 62~69.
劉辰誕. 2006.《結構和邊界: 語言表達式的認知基礎》, 河南大學博士學位論文.
劉辰誕. 2007. "界"與有界化,《外語學刊》第2期.
荣丽华. 2011. 汉语单複句基本问题研究概观,《語文学刊》第5期, 50~53.
殷志平. 1996. 主謂謂語句研究綜述,《動詞研究綜述》, 山西高校聯合出版社.
殷志平. 2002. 不能成句的主謂短語,《漢語學習》第6期.
이기웅. 2002. 러시아어 동사의 논항값,《언어학》제34집, 187~221.
이병관. 1999.《중국현대어법》, 도서출판 보성.
李宇哲. 2000.《禮記》句子及主語硏究, 北京師範大學博士學位論文.
이우철. 2002. 불가능 의미를 표시하는 "不"에 대한 고찰,《中國語文學》第39輯, 69~94.
李宇哲. 2003. 韓中兩種語言的結構差異與漢語教學 - 從非名詞性成分主語談起,《中國語文學》第42輯, 295~311.
이우철. 2004. 주술 술어문과 중국어 교육,《언어과학연구》제28집, 199~216.
이우철. 2006a. 중국어 문두성분에 대한 이해와 교육,《언어과학연구》제37집, 243~264.
이우철. 2006b. 漢子와 中國語의 摹似性과 理據 硏究,《언어과학연구》제39집, 235~256.
이우철. 2010a. 有界, 無界 이론을 이용한 중국어 연구에 대한 고찰,《中國人文科學》第44輯, 117~130.
이우철. 2010b. 중국어 서술성 주어의 명물화와 그 생성기제,《언어과학연구》제54집, 143~160.
이우철. 2012. 중국어 단문 복문의 경계 연구 - 중국어 교육적 관점을 중심으로,《언어과학연구》제61집, 207~232.
李潤夏. 2005. 文章成分, 論項, 그리고 補語,《國語學論叢(李秉根先生退任紀念)》, 391~427, 태학사.
이익환. 1987. 이중주어 구문에 대한 분석,《외국어로서의 한국어교육》제12권, 연세대학교 어학당.
이정민·배영남. 1993.《언어학사전(1987)》의 개정증보판, 박영사.
이창호. 1996. 한어 주제와 문두성,《中國語文論叢》第11輯.

이창호. 1997.《현대중국어 주제에 관한 담화 화용론적 연구》, 고려대학교 박사학위논문.
이창호. 2002. 중국어의 주어와 주제,《中國語文論叢》第22輯.
林艷. 2006. 任意性和理據性都是語言符號的本質屬性,《語言與飜譯》第1期, 8~11.
任瑚璉. 2002. 字·詞與對外漢語教學的基本單位及教學策略,《世界漢語教學》第4期.
張慶瑞. 2007. 英漢語量詞的認知對比—從認知上的"有界性"看英漢語量詞對名詞的"標記性", 寧波工程學院學報, 第3期.
張高遠. 2004. 漢語'名物化'研究綜述,《語文學刊》第1期, 50~55.
張國憲. 2001. 制約奪事成分句位實現的語義因素,《中國語文》第6期, 508~518.
張良明. 1983. 從漢語動詞特點談漢語無單句複句之分,《山東師大學報》第1期.
張聯榮. 1998. 關於詞類活用的兩個問題, 第二屆國際古漢語語法研討會論文選編《古漢語語法論集》.
張敏. 2006. 自然句法理論和漢語語法像似性研究, "當代語言學理論與漢語研究"國際學術報告會. 北京語言大學.
張鳳·高航. 2005. 語言符號的任意性, 象似性與理據—索緒爾的任意性觀點和皮爾斯的象似性觀點解讀,《山東外語教學》第5期, 16~21.
張斌. 2003.《漢語語法學》, 上海教育出版社.
張世祿. 1981. 關於漢語的語法體系問題,《複旦學報》S1期.
蔣紹愚. 1999. 抽象原則和臨摹原則在漢語語法史中的體現,《古漢語研究》第4期, 2~5.
張壽康. 1981. 意思的完整和句子的完整,《語文學習的基礎》, 商務印書館.
张雪涛. 2003. 汉语单複句区分问题的理论困惑,《宿州师专学报》第4期, 39~41.
张雪涛. 2005. '複指句'单複句归属问题论析,《安徽教育学院学报》第4期, 79~86.
张雪涛·唐爱华. 2005. 汉语单複句区分问题的理论困惑與解決策略,《語言教學與研究》第4期, 21~30.
张雪涛·唐爱华. 2008. 原型範畴理论與汉语单複句区分,《宿州学院学报》第6期, 60~63, 37.
張旺熹. 1999. 主謂謂語結構的語義模式,《漢語特殊句法的語義研究》20~38, 北京語言文化大學出版社.
張潛. 1998. 百年來漢語句型研究概述,《河北師範大學學報》第4期.
張靜. 1983. 單句、複句的定義和劃界問題,《中州學刊》第3期.

張志公. 1958.《漢語語法常識》, 新知出版社.

張倉禮·陳光前. 1986.《古文斷句與標點》, 吉林文史出版社.

張學成. 1991. 動詞名化和動名詞,《語法研究和探索》(五), 語文出版社.

张会森. 2000. 俄汉对比中的複(合)句问题,《外语学刊》第1期, 1~11.

张会森·王利众. 2001. 俄汉语複句的'形合'與'意合'问题,《中国俄语教学》第4期, 31~36.

张洪超. 2000. 关联词语與单句,《徐州師範大学学报》第1期, 67~69.

张静. 1983. 单句、複句的定义和劃界问题,《中州学刊》第3期, 85~90.

錢乃盈. 1995.《現代漢語》, 北京語言學院出版社.

程工. 1999. 名物化與向心結構理論新探,《現代外語》第2期, 131~144.

丁聲樹外. 1961.《現代漢語語法講話》, 商務印書館.

鄭仁淑. 1997.《狀語問題研究》, 上海師範大學博士學位論文.

齊元濤·符渝. 2006. 漢字的理據缺失與重構,《北京師範大學學報》第1期, 88~93.

曹慶霖. 1988. 謂詞性主語句及其相關的句法問題,《河南師範大學學報》第3期, 61~65.

曹逢甫 著. 謝天蔚 譯. 1995.《主題在漢語中的功能研究 - 邁向語段分析的第一步》, 語文出版社.

趙元任. 1968.《漢語口語語法》.(呂叔湘 譯, 北京: 商務印書館, 1979.)

朱德熙. 1982.《語法講義》, 北京: 商务印書館.

朱德熙. 1983. 自指與轉指,《方言》第1期.

朱德熙. 1985.《語法答問》, 商務印書館.

朱德熙. 1987. 句子與主語,《世界漢語教學》第1期.

周法高. 1961.《中國古代語法·造句篇》, 臺北: 中央研究院曆史語言研究所.

周鹏程. 2001. 近20年现代汉语单複句研究综述,《西南民族学院学报》第3期, 178~182.

陳剛·陳力坤. 2008. 由幾種"V+了+賓語"的自由結構看"有界與無界",《南京師範大學文學院學報》第1期.

陳腦沖. 1993. 論'主語',《外語教學與研究》第4期.

陳平. 1987. 釋漢語中與名詞性成分相關的四組概念,《中國語文》第2期.

陳平 著, 徐赳赳 譯. 1996. 漢語中結構話題的語用解釋和關系化,《國外語言學》第4期.

肖月. 2006. 漢語完句成分研究綜述,《遼寧教育行政學院學報》第5期.

叢迎旭. 2004. 名物化英漢對比研究,《四川外語學院學報》第4期, 89~92.
沈開木. 1989.《單句複句區分存在的問題》, 四川師範學院學報.
吕叔湘. 1979.《汉语语法分析问题》, 商务印書館.
卓素娟. 2001. 關於動詞、形容詞作主語、賓語問題,《唐山師範學院學報》, 第3期, 30~32.
湯廷池. 1978. 主語的句法與語義功能,《國語語法論集》, 台灣學生書局印行, 1980.
湯廷池. 1979. 主語與主題的劃分,《國語語法論文集》, 臺灣學生書局.
彭澤潤. 2005.《詞和字研究》, 中國文史出版社.
馮奇·萬華. 2008. 再論題元、論元和語法功能項—評'格標效應與語言差異',《上海大學學報》, 第3期, 150~156.
何樂士. 1992.《左傳》的單句和複句初探,《先秦漢語研究》, 山東教育出版社.
賀陽. 1994. 漢語完句成分試探,《語言教學與研究》第4期.
한우진. 2007. 모나드의 운동과 상호작용에 대한 고찰,《哲學論究》제25권, 133~157.
허성도. 2005.《현대중국어 어법의 이해》, 사람과 책.
許餘龍. 1989. 評價'從主題－評論的觀點'看'把'字句主語及主題的特點. (1987:《中國語言學報》Journul of Chinese linguistics 第15卷 第1期,《國外語言學》第1期.)
邢福義. 1982. 句子成分辨察,《語文論壇》, 知識出版社.
邢福義. 1987. 語法問題探討集·複句研究述評,《華中師範大學學報》.
邢福义. 1993. 汉语複句和单句的对立和纠结,《世界汉语教学》第1期.
邢福义. 1994. 现代汉语複句问题之研究,《黄冈師專学报》第2期, 3~11.
邢欣. 1994. 試談語用成分的句法分析,《現代語言學》, 語文出版社.
邢欣. 1995. 主謂謂語句的範圍,《新疆師範大學學報》第1期.
胡建華. 2007. 題元、論元和語法功能項—格標效應與語言差異,《外語教學與研究》第3期, 163~168.
胡建華. 2010. 論元的分布與選擇—語法中的顯著性和局部性,《中國語文》第1期, 1~19.
胡附·文鍊. 1955. 複合句問題,《現代漢語語法探索》(1990年版, 商務印書館.)
胡附·文煉. 1990. 動詞謂語中的主語問題,《現代漢語語法探索》, 商務印書館.
胡裕樹. 1982. 試論漢語句首成分的名詞性成分,《語言教學與研究》第2期.
胡裕樹·范曉. 1985. 試論語法研究的三個平面,《新疆師範大學學報》第2期.

胡裕樹·范曉. 1994. 動詞形容詞的名物化和名詞化,《中國語文》第2期.

黃德玉. 1984a. 試論主謂結構前邊的名詞性詞語,《安慶師範學院學報》第3期.

黃德玉. 1984b. 主謂謂語句探源,《安慶師範學院學報》第1期.

侯複生. 1996. 動詞"名物化"問題研究綜述殷志平,《動詞研究綜述》, 山西高校聯合出版社.